夢見た自分を取り戻す

成人ディスレクシア、50代での大学挑戦

著者 井上 智　監修 佐藤里美

エンパワメント研究所

> すいせんの言葉

竹田契一

自分に合った学びを探す
感動的な Learning Defference(s) 実践の書

　井上智さんが「読めない、書けない」で小学校低学年から困難を抱えていたディスレクシアとは、いったいどのようなものだろうか。

I　LD・ディスレクシアとは

　LD・学習障害の教育的な定義は、聞く、話す、読む、書く、計算、推論の学習の基礎となるスキルで相応学年より遅れがある場合を指している。

　LDの中の「読み書き」のみに限定した分類は、読み書き障害（ディスレクシア）と呼ばれ、読み書きの基礎となる「文字から音へ変換のシステム」に問題があるために、文字と音（音韻）が対応するひらがなの読み書きに障害が生じ、単語や文章がスラスラ読めないという現象が起こってくる。その原因として①音韻意識　②ワーキングメモリ　③処理速度、が関与すると言われている。ひらがなの中で特殊音節と呼ばれる長音、拗音（2文字表記で1音）、促音（文字表記はないが拍がある）や助詞（「は」を「wa」と読む）など読みに特殊ルールが含まれている読みで特に失敗が多い。うまく読めないと書けない（読みと同じように書く）ということが起こってくる。特に困難を極めるのが小学校6年生終了時までに1006文字の漢字の習得が義務づけられていることである（2020年度からは1026文字）。

　LDの場合には、ひらがなの読み書きだけではなく、文の読解や作文など高次レベルの内容も含み、より広い概念で学習上の問題を捉えよう

としている。書字の障害では、文字を書くための視覚認知の弱さや書きに必要な微細運動の問題、鏡文字などを書く場合には、左右障害とも関連している。

2 少年時代の井上さん

　井上さんの小学校時代はまだ特別支援教育が普及していない1970年代である。

　授業中ノートを取らず、先生の話をただ聞くだけであれば困ることは全くなかった。先生の質問にも率先して挙手をし、正しく答えることができた。また聴く力には何ら問題はなかった。

　しかし国語の本読みになると地獄だった。たどり読みになる、読むのに時間がかかる、読み誤る、文字や言葉を抜かして読む、行を飛ばす、読んでも意味が分からない、文章になると句読点が分からず、まとまり読みができない

　また書字では、漢字を思い出せない、時間がかかる、文字の形を誤る、文字の選択を誤る、字の大きさ、形がそろわない、文字、単語が抜ける、文章が書けないなどが頻繁に起こった。

　発達性の読み書き障害（現在のディスレクシア）の特徴が全てそろっていたにもかかわらず教師からは「井上くん、あなたは怠けている、もっと勉強しなさい」と強く言われ、宿題では何十回，何百回も同じ漢字を書く練習をさせられたが全く効果はなかった。

　頭の回転が速く、運動能力はクラスで一番、しかもいつもクラスの笑いの中心にいた井上さん、しかしいくら努力しても他の友達のように読んだり、書いたりすることができなかった。ことわざに「労多くして功少なし」ということばがある。人の何倍も苦労して頑張っているのに成果がみられなかった。

　5・6年生の担任設楽(したら)先生だけが彼の特性に気づいておられた。「確

かに読み書きは苦手だが耳で聞いた授業内容はしっかり理解しているではないか。」試験の最中彼を教卓に呼び、先生が試験問題を読み上げ彼が口頭で答える。解答用紙には彼が答えた内容を先生が書きこむ。結果95点という点数をみて設楽先生は、「井上くん、あなたはちゃんと理解できているのよ」この教師の一言が、社会人になってからも彼の心の支え、救いになっていたのだと思う。

　1970年代に生徒の特性に応じた試験問題の読み上げと解答の書き込みを担任がされたことに驚きを隠せない。教師の子どもの特性を大切にする教育、古い慣習に捉われず柔軟性に富んだ関わりがあったからこそあの一言が生まれたのだと思う。

3 自分に合った学びを探す

　2007年から全国一斉に始まった特別支援教育では、子どもたち1人ひとりがどこでつまずいているのかをしっかり見極め、それぞれの教育的ニーズに沿った関わりをしていくことが期待されている。今までの一斉授業とは異なり、自分に合った学びを探すことの大切さを強調している。発達に課題を抱える子どもたちの中には聴く力、見る力など認知に偏りを抱えているものが多い。それぞれの「つまずき」は十人十色である。自分に合った学び方を見つけることにより学習は一段と進歩する。1人ひとり学び方が異なることをアメリカでは、Learning Difference(s)と呼ぶ。頭文字は同じLDでも障害という言葉は一切使わない。

　学習障害の児童に対してアメリカの教師は、「LDとは、学び方が異なるという意味です。あなたには、あなたに一番適切な学びがあるはず。それを一緒に見つけようね」このことばで生徒は、自尊感情を傷つけることなく、胸を張って学校生活が送れる。

　井上さんの小中学校時代を振り返ってみよう。

　勉強を一生懸命頑張っても読み書きに成長が見られなかった。彼の読

み書きの特性に応じた具体的な指導は全くなかった。クラスの友達に読み書きができないことがばれるのが怖く、このころから読めない書けないを隠し通す生活が始まったようだ。奥様の賞子先生も彼がカミングアウトするまでディスレクシアの存在に気付かなかった。

　聞いて理解することには問題がなく、会話の受け答えも正確で流暢でしかも頭脳明晰であるのに読み書きが困難である井上さんを救ったのはICT の技術である。iPhone、iPad などのタブレット類を、漢字の予測変換機能などを縦横無尽に使いこなすことにより早く、正確に情報を伝えることが可能となった。感動的なことは、井上さんは自分に合った「学び方」をとうとう探し当てたということ。

　今回の本は、今までため込んでいた彼のエネルギーが火山のマグマのように吹き出し、一気に書き上げた素晴らしい作品である。この本に込めた彼の思いをぜひ共有していただきたい。井上さんのことばに「読むことも書くことも避けて生きてきたことによる、学ぶ機会の喪失のリスクは深刻だった」とある。絶望の中で見つかった ICT 機器（Information and Communication Technology、情報通信技術）の活用は彼のコミュニケーションスキルを大幅に進歩させ結果的に読み書きの実力もレベルアップした。

　正に Learning Difference(s) の実践である。

〔 大阪教育大学名誉教授 〕
〔 大阪医科大学 LD センター顧問 〕

もくじ

もくじ

すいせんの言葉
　自分に合った学びを探す　　竹田契一 ……………………… 3
はじめに …………………………………………………………… 12

プロローグ

1. 本を書いた自分に起こったこと ……………………… 18
2. 信じたい人が信じられない …………………………… 19
3. 「啓発活動はやめる」と決めた日 …………………… 24

第1章　大学への扉

1. 中卒でも入れる大学？ ………………………………… 32
2. 特修生ってなんだ？ …………………………………… 35
3. 大学生になりたい！ …………………………………… 39
4. 「前例はありません」の先に ………………………… 41
5. 52歳の入学式 …………………………………………… 45

第2章　オレ流の大学生活

1. 課せられたハードル …………………………………… 50
2. オレ流　レポート術 …………………………………… 52
3. 試験という初体験 ……………………………………… 58

- 4. 「ずるい」の呪縛 ……… 67
- 5. 知ることで変わる世界 ……… 70
- 6. 「大学生」誕生！ ……… 74
- 7. スクーリングを始める前に ……… 77
- 8. スクーリング体験 ……… 81
- 9. 同級生との時間 ……… 84
- 10. 好きな先生、嫌いな先生 ……… 88

第3章　願いを込めた卒業制作

- 1. 自分の一番表現したいこと ……… 96
- 2. ラストは子どもの笑い声で ……… 98
- 3. 表現することは、自分を見つめること ……… 100
- 4. 協力の輪に支えられて ……… 105
- 5. 学長賞がくれた自信 ……… 110
- 6. 「スペルが違います」に負けない ……… 115

第4章　出会いが支えた今

- 1. 滑り込んだ卒業式 ……… 122
- 2. 2人目の井上さんをつくらない ……… 125
- 3. 「おめでとう」を人生で一番たくさん言われた日 ……… 128

エピローグ

1. 大卒を手に入れて ……………………………………………… 134
2. 次の挑戦へ ……………………………………………………… 136
3. オレからみんなへ ……………………………………………… 140
   3.1 読めないこと・書けないことで苦しんでいるキミへ …… 141
   3.2 ディスレクシアの子どものそばにいるアナタへ ………… 147
   3.3 読めないこと・書けないことで苦しんでいるアナタへ … 149
   3.4 ディスレクシアの大人のそばにいるアナタへ …………… 153

おわりに …………………………………………………………… 156

妻から一言 ………………………………………………………… 160

むすびの言葉
　学び方が違うを支えていくには　　佐藤里美 ……………… 165

本書をよりご理解いただくためのリソースガイド …… 172

・表紙カバーおよび本文中イラスト　林やよい
・裏表紙カバー折り返しイラスト　竹内奏子
・本文中および裏表紙　写真　井上智、井上賞子、前田賢吾

はじめに

　はじめまして、の方、お久しぶりです、の方

　自分は、鳥取で大工をしている井上智といいます。どうぞよろしくお願いします。自分は、ディスレクシアという困難を抱えています。

　「ディスレクシアとは学習の中核である読みに困難を示す状態であり、学習障害の中核的なつまずきと言える。知的発達水準の低さは見られないが、それに相応しない読み能力、読みの達成度を示す。」
　＜「LD・ADHD等関連用語集第4版」(日本LD学会編)より＞

　聞いたこと、見たことは、問題なく理解できるのに、そこに「文字」が関わると、自分の世界は一変します。
　小学校入学直後から、みんながあっという間にできてしまうことができない自分に、とまどい、混乱してきました。
　「どうしようもないアホで、口だけで適当にごまかしているウソつき」という自己評価は、毎日毎日繰り返される学校での体験からの結論でした。だって、書かれているものを読もうとしても、その文字が示す音が浮かんでこないんです。
　形の似ている字は、ことさらに混乱しました。「えーっと、これは、"き？"いや"さ？"かな…」と、一文字一文字にとまどっていると、いったいそこに何が書かれていたのかなどまったく頭に入ってきません。

　書くときも、書きたい音を示す文字はいつもぼんやりとしていて、必死で書いてみても「一本足りないよ」「ここ違っているよ」と言われることばかりでした。小さい文字がつく言葉になると「どこかに何かがつ

くんだろう」とは思っても、いったいどこに何を書けば「きゅうしょく」や「しょうぼうしゃ」になるのか、見当もつかない、そんな状態でした。

　読んで理解し、書いて評価を受けることが前提の学校では、「聞いたこと・見たことは分かる」といっても、そのことを示すすべは他にありません。いつも０点だったテストを見続けていると、「分かった」は自分の思い込みで、本当は何も分かっていない「どうしようもないアホ」が真実なんだと、自分自身、そう思えてきました。口では正解を答えられても、テストで結果が出せないわけですから、「適当なことを言っている」「口だけは達者な子」と取り合ってはもらえませんでした。

　悔しかったし、みじめでした。

　もう、だれにも笑われたくないという一心で、読み書きから逃げました。中学校では不良になり、高校を飛び出し、読み書きができないことがバレそうになるたびに、職も住居も転々としてきました。
　死に物狂いで働いて起こした会社も、バブルの崩壊のあおりで倒産。

もう何もかもイヤになって移り住んだ鳥取で、細々と生活するようになって、18年。気が付けば、今までの人生で一番長い時間をここですごしています。

　この地で出会った妻は小学校の先生です。彼女にも、結婚してからでさえも、自分が読み書きができないことは言えずにいました。それまで「知られたらすべてを失う」そうした経験をいやというほどしてきたので、命がけで隠すことはもはやしみついた習慣でさえありました。

　そんな自分が、自分のことを「知る」きっかけになったのは、妻が読んでいた、品川裕香さんの『怠けてなんかない』(岩崎書店刊) という一冊の本でした。
　さんざん、「こんなこともできないなんて、怠けている」と決めつけられてきた自分の過去がよみがえり、『怠けてなんかない』か、オレみたいだなと、手に取ったその本に書かれていた内容に驚愕します。
　そこには、確かに「オレ」がいました。必死で読もうとしても書こうとしても、どうしてもみんなのようにできないことを、責められ続けて、否定され続けて、自分を見失っていったあのころが恐ろしいほどの臨場感とともによみがえってきました。

　そこで初めて自分がディスレクシアだったことを知ります。

　一方では「ああ、オレはどうしようもないアホでも、口ばっかりのウソつきでもなかったんや」という安堵(あんど)もありましたが、同時に失ったもの、あきらめてきたことが多すぎて大きすぎて、そのときから、のたうち回るような日々を過ごします。
　苦しくて、苦しくて、「自分はこんな目に合ってきた、こんなことも手放してきた」と、ずっと押し殺してきた思いを、堰(せき)を切ったように妻

にぶつけました。

　そのころ妻に、「困難を持ちながら学び続けてきた人の話は聞けるようになってきたけど、きっと、智(さとる)のように学び続けることができなかった人の方がずっと多いんだよね。あなたの体験は、たくさんの人の役に立つ情報だと思うよ」と言われて、2人で自分の体験をまとめ始めました。

　その中で、たくさん思い出してたくさん泣いて、押さえつけてきた自分の奥の奥の苦しさをやっと手放していくことができました。
　それが、インターネットで公開している「成人ディスレクシアtoraの独り言」です。http://sky.geocities.jp/dyslexia_tora/
　ご縁があって、その内容を『読めなくても書けなくても勉強したい』（ぶどう社刊）という本にまとめることもできました。

　ずっと隠してきたことを公開するのにはとまどいもありました。それでも、自分の体験を読んでくれたたくさんの方からの応援もあって、やっと、長い長いトンネルから抜けることができたと思っています。

　この本は、そんな自分が、50歳を過ぎてから取り組んだ「新しい挑戦」の記録です。自分の気持ちや願いをできるだけ率直に伝えたいので、一人称は「オレ」で書きました。

撮影　前田賢吾

プロローグ

1 本を書いた自分に起こったこと

　あのころのオレは、「本を書いた」ということが、素直にうれしくて仕方なかった。近くの書店に、自分の名前が書かれた本が並んでいるのが夢のようだった。「これ、自分が書いたんです。ぜひ取り上げてください」と直接書店にお願いしたこともあったし、メディアからの取材も全部受けた。
　新聞なんて、靴の乾燥材かワレモノの緩衝材くらいにしか思っていなかったのに、自分の名前と写真が載っているのを見たときには思わず顔がほころんだものだった。

　あのウキウキとした気持ちの正体はなんだったんだろう。

　「どうしようもないアホ」と言われ、「みんなにできることができない」自分が、「本を書いた」ことは、純粋に誇らしかったし、うれしかった。どこかで、自分をバカにしていたヤツらを見返せた気もした。
　でも、それ以上に、「自分の体験が、だれかの役に立つんだ」「同じような苦しい思いをしてる子どもたちの助けになれるんだ」ということがうれしかった。オレがどんどん話していけば、社会の理解はどんどん進んでいく、それは、使命感にも近い気持ちでもあった。

　実際、講演の依頼もたくさんきた。学校から、役所から、地域から、PTAから。こんなにたくさんの場所で、こんなにたくさんの人たちが自分の話を聞きたがっている。その事実に「ああ、ここから変わっていくんだ」という期待をふくらますことができた。

　人前で話した経験などないし、緊張すると段取りは飛んでしまうし、

そもそも文字が読めないわけだから、原稿を読むという技も使えない。最初の数回で、1人で話すことは無理だと気づき、いろいろ試行錯誤した結果「インタビュー」に答えていく形で話す形に落ち着いた。自分で長い話を構成してしゃべることはハードルが高いが、聞かれたことに答えることならできる。

精いっぱい、ウソ偽りなく、オレの体験を聞いてもらうことで、あの苦しかった日々にも役割があったのだときっと思える日がくる。そう信じていた。

2 信じたい人が信じられない

いろいろなところで夢中で話した。多くは、先生を対象とした研修会だった。「ああ、学校ではここにいる人たちの前に、あのころのオレがいるんや…ここにいる人たちはみんな、あのころのオレを助けられる人たちなんや…」そう思うと、マイクを握る手が熱くなった。

にこにこと笑顔で話す自分の内側で、小さなサトルが、泣きながら会場にいる先生たちに「助けてあげて! 助けてあげて! 先生は助けられるはずや!」と叫んでいた。

人前というプレッシャーもあったが、それ以上にずっと隠してきたことを「話す」というのは、想像していた以上につらい作業だった。「話す」と決めたのは自分で、つらくなるのも覚悟のうえだったのに、「過去のこと」と切り捨てられない羞恥心で、顔がカッと熱くなることもあった。話し終えた後は、いつも汗びっしょりで、体中から力が抜けていくのがわかった。ぐったりして、歩くこともおっくうだった。

それでも、うまく話せなくても、スラスラと言葉が出てこなくても、少なくとも、1回1回、自分にできる精いっぱいの役割を果たさなけれ

ば、という気持ちで臨んだ。

　当初は、参加者を見る余裕などなかったが、ある会場で、一番前の席で最初から最後までずっと眠っている人が目に入った。先生向けの研修会だったから、そこにいたのは「全員先生」だ。
　だから、大口を開けて天井を仰いだまま起きることのなかったその人も「先生」なんだ。「あの人の前にも、かつてのオレがいるはずやのに…」そう思うと、目の前が真っ暗になった。自分のしていることに意味はあるのかと、ひどく落ち込んだ。
　「参加者全員には伝わらない。それでも、１人でも２人でも、智の話を聞いて自分にできることを始める人がいる以上、智のしていることは絶対無駄じゃない」そういって励ましてくれる妻の声を聞きながら、「そうだよな。無駄じゃないよな」と自分でも、呪文のように繰り返した。

　「井上さんみたいなケースに自分は今まで出会ったことはありませんが…」で始まる講師紹介や謝辞にもげんなりした。「そんなはずないやろ‼」「先生たちが見殺しにしただけやん‼」胸の奥で小さなサトルが、叫び声を上げる。

　発生確率を考えれば、ディスレクシアの子どもに出会ったことがない先生なんていないはずだ。まして、何十年もこの仕事をしている人であれば、絶対に見てきたはずだ。きっと、あのころの自分がされたように「怠けもの」「頭の悪い子」で済ませてきたんだろう。「先生たち」のそんな言葉を聞くたびに心はざりざりとすさんでいった。

　気持ちが萎えていく出来事は続いた。
　ある教育センターから依頼があり、出かけて行ったときのことだ。いつもはオレにインタビューする役目は、信頼しているよく知った先生

や、妻だったので安心だったが、そこでは「自分はLDの専門家だから、大丈夫です」と言う面識のないセンターの指導主事先生にインタビューしてもらうことになった。不安もあったが、前日打ち合わせもできて、信頼して壇上に臨んだ。

　でも、信頼はあっという間に裏切られた。聞かれるままに、いつものように子ども時代の状況を話す。いつもなら、その状況のどこに課題があったのか、何に着目すべきなのかを、インタビュアーが的確に整理して、参加者に共有してくれていた。自分には体験しか話せないが、そうした解説を入れてもらうことで、当事者の体験にとどまらない意味付けをしてもらってきていた。

　この日は違っていた。自分が体験を語るたび、その人の口から出てくるのは、「井上さんはこんなにつらい思いをされたんです」「こんなにご苦労されたんです」ばかりだった。何を言っても、それが繰り返される。「ああオレは、『読み書きもできないかわいそうなおっちゃん』として、ここでさらし者になっているんだ」と、だんだんみじめな気持ちになっていった。

　そんな調子だから、まったく話は膨らまない。いつもなら、1つのエピソードから、たくさんの支援の在り方に話が広がっていっていたのに、「大変でしたね。おつらかったですね」ばっかりだ。その人は、それだけ言ったら無言でこちらを見つめるのだ。

　人前で話すことに慣れていない自分が、できるだけ自然に思いを話せるように、インタビューという形をとってもらっていたはずが、このときばかりは「何か言わなくては」「自分が何とかしなくては」という状況に追い込まれた。

　その結果、言わなくていいことを話し、知ってほしいことは、ほとんど伝えられないまま、その研修会は終わった。読み書きができないうえに、焦って思うように話せない自分を見た人たちは、いったいどう思っ

ただろう。
　悔しくて悔しくて「おれは『かわいそうなおっちゃん』じゃない…」と唇をかみしめた。

　地元でも、行政からの要請で、何度か話をする機会が続いた。ある日、研修会の主催者から、「研修終了後、どうしても井上さんと話したいという人がいるんです」と言われた。聞けば、当事者の高校生だとのことだった。「オレは自分の体験しか話せませんが」といったが、それでもよいとのことだったので、会うことにした。

　入ってきたのは、見るからに真面目そうな学生服の青年と母親、そして青年の担任の先生だった。先生は、とても熱心な方だった。その青年がとてもまじめながんばり屋であること、読みの困難がとても大きい状態であるが、理解の力はあるということ、今は実力が出せない状態であり、なんとか力を発揮させてあげたいということを、熱く語りはじめた。青年は終始うつむいたままで、先生に促されると小さな声で、「はあ…」とか「そうですね…」とか「うーん…」とか、曖昧な返事を短くするだけだった。

　ディスレクシアは、まったく読めないわけでも、まったく書けないわけでもない。だから、ひたすらみんなと同じ方法で頑張ってきたんだろう。できないのは自分に能力がないからだと思ってきたんだろう。急に「できなかったのは障害のせいではないか」と言われても、それをどう消化していいのかも、何を求めていいのかも分からないのだろう。少なくとも自分には、彼はとてもとまどっているように見えた。

　その先生は、きっといい先生なんだと思う。彼は、今まで何も支援を受けてきていないとのことだった。先生は彼の姿に疑問を感じて、彼に

何かをしてあげたくて、そんなとき「ディスレクシア」について知って、「きっとこれだ‼」と思ったんだろう。研修会に青年をつれてきたのも、「何か手がかりがつかめるかも」思ったからだろう。

でも、そのときの先生の言葉に、自分は愕然とした。

「いいか、お前が何に困っていて、どうしてほしいか言ってくれたら、何でもやってやる。だから、ちゃんと話せ」
「先生、それをいきなり本人に求めるのは無理です。それを見つけるのが、先生や学校の仕事じゃないんですか」
考えるより先に、口からはそんな言葉が出てきた。

自分が何に困っているのかを理解して、どうすればそれを解決できるかを知っているのは、十分な支援を受けてきて、自分なりの学ぶための方法に確信を持っている子どもたちだけだ。何の支援も受けてこなかった子どもたちは、自分が何者なのかさえ分からないはずだ。かつての自分がまさにそうだったのだから。

この先生はいい先生だと思う。居眠り先生や、「そんな子どもに出会ったことはない」と強弁する先生や、「こんなにかわいそうなんですよ」を連呼するだけの指導主事先生なんかより、ずっとずっといい先生だ。その青年のことを心底心配しているのも分かる。
でも、そんな「いい先生」でさえ、これなのか…。そう思ったら、泣きたくなってきた。

先生たちにディスレクシアへの理解が広がれば、何に困っていて、どうすればできるのかを教えてもらえて、かつての自分のような子どもたちも、自信を失わずに学んでいけるようになるはず。そう信じて頑張っ

てきたのに…。
　信じたかった。先生こそが、子どもたちを助けてくれると。それがうまく機能していないのは、啓発不足で理解が広がっていないからだと。でも、回を重ねるごとに、信じたい人が信じられなくなっていった。

　心ある先生は、ディスレクシアを知ったことで、当事者に「どうしたらいいの?」と求め、心ない先生は、ディスレクシアを知ったところで、目の前にいる子の苦しみが分からないというのなら、こんなことをしていても無駄なんじゃないか。そう思うことが増えていった。

3　「啓発活動はやめる」と決めた日

　もやもやとしながらも、すでに研修会の予定はたくさん入っており、「求められているのだから」「救われる子どももきっといるはずだから」と気持ちを立て直しながら話す日々が続いた。
　話すことで、自分の気持ちに折り合いをつけていける人もいるんだろう。でもオレは違っていた。繰り返し聞かれる子ども時代のつらい体験は、話すたびにあのころのみじめな気持ちと一緒によみがえってきた。指に包帯を巻いてけがをしたふりをして代筆してもらった話をしながら、自尊心がぼろぼろになったあのときと同じキズが増えていくのを感じた。
　そのころの自分は、たくさんの人に支えられ、励まされ、人前で「僕書けないんです。お願いします」と言えるようになり、携帯で漢字を探すことも、人目を気にせずできるようになっていた。「劣っている自分を隠さなければ」という強迫的な思いも薄れ、「苦手な部分はあるが、ちゃんと社会で生きてきた自分」なんだという誇りも生まれていた。それでも、自分にとって、読めない・書けないことに追いつめられていた日々は、まだ「過去のこと」ではないんだと、話すたびに突きつけられていた。

「自分のやっていることに意味はあるんだろうか」という疑問がわき始めてからは、その思いはより強くなっていった。話し終わった後、たくさんの方が「お話が聞けて良かった」と言ってくれるのに、笑顔でお礼を言いながら、心の中は穏やかではいられなかった。

　そんなある日、会が終わって片づけをしている自分に話しかけてきた青年がいた。20代後半だというその青年は、読み書きの困難と自閉症の両方があると自己紹介をはじめた。
　それまでも、「自分も当事者です」という人から声をかけられることは何度かあった。どこからか番号を調べて、電話してくる人もいた。多くは、「自分もあなたと同じです。ずっと隠して生きてきました」というもので、共感と「自分だけではなかった」との思いから、声をかけてくれていた。
　もちろん、「自分だけではなかった」「自分が劣っていたということではなかった」ということを知ったことで、何かが大きく変わるわけではないケースも多い。特に成人はそうだ。
　電話をかけてきた、ある大きな会社の社長さんは、「自分はあなたの状況とまったく同じだ。でも、だれにも言えないできたし、これからも言わないと思う。自分の苦労があったから、子どもや孫には、読み書きについて神経質なくらいうるさく言ってきた。孫の1人が、自分に似ている。苦しんでいるのも分かる。『じいちゃんもだよ』と言ってあげられたら、きっと救われるだろうが、それはどうしてもできない。でも、あの子が自分と違う時代を生きているということも分かった。なんとか、あの子が自分のような苦労をせずに済むように、支えていきたい」と、涙声で話された。

　「どうしても、言えないんです」というその気持ちは、痛いほど分かる。読めない・書けないを隠して築いてきたものが大きければ大きいほ

ど、決して知られてはいけないとの思いも人一倍だろう。それでも、「知る」ことで救われた部分があるからこそ、成人当事者たちは自分に声をかけてくれるのだろう。

　会場で声をかけてきた青年もそんな1人なんだろうと思って話を聞いた。彼は、早口にこれまでの自分の苦労を語り始めた。それは途切れることも留まることもなく、途中からは、まるで呪詛(じゅそ)のようでさえあった。自分がいかにつらい思いをしてきたか、周囲がいかに無理解で残酷であったかを延々と語る彼は、学校で傷つき、職場で排除され、転職を繰り返し、今は無職だとのことだった。自分を理解してくれなかった周囲、受け入れてくれなかった周囲への怒りもすさまじかった。
　とげが刺さるような彼の言葉を聞きながら、胸が痛んだ。自分も同じ思いをしてきていた。ただ、自分には帰る家も守ってくれる人もいなかった。だから、逃げながらでも働くしかなかった。彼以上にひどい目にあったこともある。一方で、スポーツで、仕事で、だれよりも高い評価も受けてきた。だからこそ、職を転々としながらも働き続けることができた。もしそれがなかったならば、自分もまた、目の前の彼と同じ苦しみの中にいただろうことは、容易に想像できた。

　彼の方もオレの話を自身の体験と重ねて聞いていたんだろう、言葉のはしばしに「同じでした」「僕もなんです」という言葉が聞かれた。
　彼のつらさに自分ができることはないかもしれないが、それでも「知ってもらえた」という意味で、役割は果たせたのかなと思っていたとき、彼から意外過ぎる言葉が飛び出した。

　「ぼくも井上さんのように講演がしたいです。どうしたらできますか? いくらもらえるんですか?」
　返す言葉が思い浮かばず、しばらく沈黙した後、「こうしてお話させ

ていただくことは、自分にとっては苦しいことなんです。本当はずっと隠しておきたかったことなんです。お金がもらえるから話しているわけでもないですし、講演をして食べていけるわけでも、食べていこうとも思っていません。ただ、知ってもらいたいという気持ちでここにいます」

なんとか、そう答えるので、精いっぱいだった。

　絶望的な気持ちで控室に戻った。彼の言葉が本当にショックだった。

　でも、オレには、彼の気持ちが分かるんだ。ずっと「自分はひどく劣っている」と思って生きてきた。だれも何も言わなくても「見下されている」と感じる場面は本当に多い。みじめな自分。ダメな自分。コンプレックスの強さは、計り知れない。

　それが、キレイな会場で、「講師の先生」という肩書きで尊重され、多くの人の拍手に迎えられ、自分の体験を話して、また拍手に包まれる。その姿は、見下されたみじめな場所とは真逆の世界に映ったであろうことは、想像に難くない。自分の中にも、そんな「大切に扱われる」世界の心地よさがなかったかと言えばウソになる。彼が「自分もそんな扱いを受けたい。そんな存在になりたい」と思ったことを責めることはできない。

　でも…、そうじゃない。オレが、過去のみじめさをかみしめながら話し続けてきたのは、そんなことを望んでいたからじゃない。

　オレが人前で話す姿が、当事者の青年に、自分のことを理解して将来と向き合っていくことにつながるのでなく、現実から遠ざかるためのモデルになってしまったとしたら、こんなにつらいことはない。

　オレが当事者として話すことで、先生も変わらない、他の当事者を誤解させる、オレ自身も追体験をして苦しむというのであれば…。もう話すのはやめよう。啓発活動は、自分のような当事者ではなく、ちゃんと

した先生たちにお任せしよう。その日、そう心に決めた。

　そこからは、すでに引き受けてしまっていたもの以外は、すべての依頼を断った。年に数回、信頼している先生のご講演の中で、当事者の声が必要だからと言われたときだけ登壇することはあったが、それは、あくまでその先生のお話の一部としての参加だった。
　断り続けていると、一時期は毎週のようにあった依頼の電話もなくなっていく。それでも、ぽつりぽつりとはかかってくる。
　そんなときは、「啓発活動は重要だし、たくさんの人に知っていただきたいと心から思っています。でも、自分は人前で話すことはやはりつらいし、話すプロではないですから、誤解を生むこともあります。ぜひ、ちゃんとした研究者の先生に、誤解なく正しく話していただいてください」と答えた。
　当事者の声が聞きたいと言われたら、「自分の思いはwebサイトにもアップされていますし書籍にもなっているので、そちらを見てほしい」と伝えた。

　依頼してくる人は、みんなとても熱心だ。社会に対して、なんとか理解を広げようと一生懸命な人たちだ。それが分かっているから、電話からでも伝わってくるから、断る行為には胸が痛んだ。
　でも、もう2度と、あの青年のような思いにだれかをさせてはいけないという決心は堅かった。
　そもそも、オレは啓発活動などするべきではなかったんだと、電話を切るたびに、自分を責める日々が続いた。

プロローグ

第1章
大学への扉

I 中卒でも入れる大学？

　「高校を卒業していなくても、大卒資格の取得が目指せる」そんな言葉が目に入ったのは、今思えば啓発活動を続けた結果、自分がぼろぼろになっていたころだった。

　「啓発活動をやめる」と決めたときは、簡単に「本を書く前の日々」に戻れると思っていた。何者でもない、ただの田舎の大工のおっちゃんに戻るだけ、そう思っていた。
　でも、現実は違っていた。出版を皮切りに、テレビで新聞で、何度も自分のことが取り上げられた。それは、不特定多数へのカミングアウトだった。
　もちろん、それまでも、自分のことを告白した相手はいた。家族や友人、そして、一部の懇意にしていただいていたお客さんたち。オレがディスレクシアだと知っても、だれもそれまでの付き合いと何も変わらなかった。
　だから、どこか油断していたのかもしれない。何十年も「読み書きができない」ことを隠し続けてきたのは、それが知られたら「すべてを失う」と確信していたからに他ならなかったのに。そう思うだけの経験を、イヤというほどしてきたはずなのに。

　啓発活動をしている間も、仕事はしていた。でも、本当に慌ただしい日々で、じっくり周りを見回す余裕はなかったんだ。「テレビ見ましたよ」とか「新聞読みましたよ」という声も、「知ってくれたんだ、ありがとう」という気持ちで聞いていた。夢中だったんだと思う。
　使命感を見失い、残ったのは「知ろうとしない先生」「知っても変わらない現実」だった。それだけでも打ちのめされていたのに、戻ってき

た日常は以前とはちがうものだった。

　「読み書きができないってことは、知的障害があるんでしょ？ そんな人に家の改修は任せられない」。面と向かって言われたのは１人だけだったが、「…さんが、こう言ってたよ」という陰口は、イヤになるほど耳に入ってきた。実際、仕事も減っていった。地域の打ち合わせの会で、みんなに配られたプリントの資料を、「あっ、キミは読めなかったね」と目の前で取り上げられたこともあった。「井上は、テレビに出て、いい気になっている」そう言って回る人もいた。「井上さんの都合のいいときにしてくれればいいから」と言われていた仕事も、「まだ終わっていないのか！」と責められた。
　明るくて気のいい、よく働く大工のおっちゃんだったはずのオレの評価は、読み書きもできない能力の低いヤツ、テレビに出て天狗になっている鼻持ちならないヤツに変わっていた。

　そうだった、読めないこと書けないことを隠してきたのは、こうなるからだった。すべての評価を失い、偏見に満ちた視線は何をしても否定してくる。
　都会にいたころの自分は、そのたびに逃げた。住む場所も、仕事も変えた。でも今は、それはできない。家も建てた、妻の仕事もある、愛犬たちとの暮らしもある。そして、全国に顔と名前をさらしての啓発活動の余波は、どこに行っても自分についてくる。
　逃げることもできない、みんなが顔見知りの田舎暮らしでは、だれもがオレを指して笑っている気がして、気持ちがふさぎ、眠れない日々が続いた。

　このころ、品川裕香さんに初めて会ったときに、「井上さんが元気でよかった」と言われたことを、しきりに思い出していた。品川さんが取

材した当事者の多くが気持ちを病んでしまっていたから、社会人として日常を過ごせているオレの姿を見てうれしかったのだと後に聞いた。

　品川さん、ごめんなさい。オレもだめみたい。逃げられないって、本当に苦しい。

　こんなことなら、ディスレクシアなんて知らなくてよかった。本なんて書かなければよかった。啓発活動なんてしなければよかった。そんなことをグルグルと考える毎日は、本当に苦しかった。
　病院で睡眠導入剤を処方してもらい、なんとか日々を過ごす。無気力になり、何をする気も起きなかった。愛犬２匹のためだけにここにいる。そんな状態だった。
　そんなときにたまたま目に入ったのが「高校を卒業していなくても、大卒資格の取得が目指せる」という広告だった。えっ、まさか。と思いながらも、ページを読み進めていく。「中学卒業、高校中退の方でも、一定条件を満たせば、正科生に転籍できる制度です」えっ、それって、中卒のオレのオレでも大学生になれるってこと？
　それまでも、「大学に行きたかったなあ」と思うことは何度もあった。でも、それは見果てぬ夢だと思っていた。夜間も含めて、高校に入り直すのは、さすがに現実的でなかったし、まったく勉強してきていない自分が、今さら数学や英語を勉強したところで、高卒認定試験に合格できるとも思えなかった。
　「大学に行きたいなら聴講生になれば？」と言われたこともある。
　違うんだ。ただ「行けばいい」じゃないんだ。なりかたったのは「大学生」で、ちゃんと「大卒」の資格がほしかった。だから、夢見るだけで「無理なこと」「かなわないこと」とあきらめていた。

　それなのに、「高校を卒業していなくても、大卒資格の取得が目指せる」って…。大学生になれる？本当になれるのならば、大学生になりた

い!! オレ、大学生になりたい!!

ぼろぼろで空っぽだった心に、光がさした瞬間だった。

2 特修生ってなんだ？

「高校を卒業していなくても、大卒資格の取得が目指せる」と謳われていたのは、SoftBankが運営しているサイバー大学だった。「完全インターネットの大学」「通学が一切不要」というのも、気持ちを後押しした。

通学せずにインターネットでだけ学ぶのであれば、内容はデジタルになっているだろうから読み上げられるし、こちらからの提出もネットを通じて行うのであればパソコンが使える。

紙に書かれた文字を読むこと、手書きで出力すること、を求められないのであれば、オレにもできる! そう思うと心が躍った。啓発活動をやめて以降、ふさいでいた気持ちが一気に高鳴った。

今度は自分のために。今度こそ自分のために。どうしてもやりたい、そう思った。

まずは妻に相談した。少し驚いていたが、「智がやりたいなら、挑戦してみればいいと思う」と言ってくれた。

大学に行きたいのも行くのもオレだが、おそらく様々な手続きでは、だれかの手助けが必要だ。彼女が快諾してくれてほっとした。

「だれかの手助けを求めていいんだ」ということは、ディスレクシアだと分かって、やっと受け入れられるようになった。「助けを求めていい」と思えることの大切さを改めて感じた。

おそらく、そう思える前のオレだったら、なんとか自分ができないことを知られないようにしながら相手に「やらせる」ことを考えただろう。

それはどうしても高圧的な言動になってしまう。相手はもちろん傷ついていただろうし、そんな方法をとって相手を傷つけていると分かってしまうだけに、オレ自身も落ち込んだだろうことは経験から確信できた。
　今回、そんなギスギスした要求の仕方をせずにすんだのは、ディスレクシアだと知って以降出会ったたくさんの人に励まされ、「自分には1人では難しいことがある。そんなときは助けを求めていいんだ」と思えるようになっていたからだ。

　悪いことばかりではなかった。辛いことばかりではなかった。そのことを思い出せたことでも心は少し軽くなった。

　SoftBankが運営している大学ということで、妻が「魔法のプロジェクト」を通じて知り合い、その後公私ともに親しくさせてもらっていたエデュアスの佐藤里美さんに進学したい旨を伝えて、具体的にどうしていけばよいのかを相談した。

「魔法のプロジェクト」とは

　今年で8年目を迎える「魔法のプロジェクト」https://maho-prj.org/ は障害や特性によって、意欲はあっても学ぶことに難しさがある子どもたちの課題をタブレットなどテクノロジーを活用して支援し、1人ひとりに合った学び方や学習環境を見出し、子どもたちの持てる力を先生たちが最大限引き出していく実証研究プロジェクトです。
　東京大学先端研とソフトバンクグループ、毎年選考される協力校の先生たちと1年間の実践研究を行い、その結果を報告会、報告書として公開しています。

エデュアスはSoftBankの教育事業を行っている会社で、佐藤さんはそこの取締役だったので、きっと他のだれに聞くよりよく分かると思った。それに、いつもオレの活動を応援してくれている佐藤さんだから、きっと喜んでくれるだろうという気持ちもあった。

　しかし、佐藤さんからの返信は意外なものだった。「サイバー大学のカリキュラムは、智さんの学びたいものですか？『大学に行きたい』だけだと、続かないですよ」

　痛いところを突かれた…。そう、サイバー大学のカリキュラム自体に惹かれたわけではなかった。サイバー大学は、ITスペシャリストの養成を目指している。自分はパソコンは好きだが、今以上に詳しくなりたいとか、それを仕事に生かしたいとかいう気持ちはなかった。ただ、「中卒のオレでも大学生になれる」そこに強く惹かれただけだった。

　「学びたいものは別にあるけど、今から高卒認定試験を受けることは難しい。そんな自分が、中卒のまま行ける大学なんて他にないんです。だからサイバー大学に行きたい」素直な気持ちを書き送った。

　すると、「サイバー大学以外にも『特修生』の制度を採用している大学はありますよ」と返信が来た。

　「特修生？」確かに、サイバー大学の案内ページにもそんな言葉が書かれていた。それって、ここだけの制度じゃないんだ。混乱しながらも、すぐに検索をしてみた。

　「『特修生を経た正科生入学』とは、高校卒業資格を持たず、大学入学資格検定および高等学校卒業程度認定試験に合格していない方でも、
　特修生を経て正科生に転籍し、大学卒業資格を目指すことができる制度のことです。」（サイバー大学のwebサイトから）

「えっ、どういうこと?」と何度も読み返していると、佐藤さんから特修生の制度のある大学の一覧が送られてきた。そこには驚くほどたくさんの大学の名前が並んでいた。「えっ、これ全部、中卒のオレでも入れるの?」どくどくと胸が高まった。

　選んでいいの? 俺、選べるの?

　選んでいいなら、選べるなら、オレは芸術系の勉強がしたい。自分の仕事は物を作ることで、やっぱりそれが大好きで、40を過ぎてからハマっている写真も、ずっと独学で勉強してきてて…
　ちゃんと大学に行けるなら、自分で学べる内容を選べるなら、そんな「表現すること」について学びたい。独学では分からない世界を知りたい。
　「オレ、芸術系の勉強がしたいです。それができる大学に行きたい」そう書き送ると、「それがいいと思います。きっと智さんならやり遂げられますよ」と返信が届いた。メッセージの向こうで、佐藤さんがにっこり笑っているのが見えるようだった。

　やみくもに焦がれていた「大学」へ、「特修生」という橋が架かった。

そして、自分が「やりたいこと」を「選べる」と知った。

　読み書きができない自分には、いつも何も選べなかった。そんな、ずっとスタートラインに立てなかった自分の前に、やっとそれが見えた気がした。

3　大学生になりたい！

　大学生になりたい！ 芸術系の科目を学びたい！ 特修生という制度を知って以来、気持ちはどんどん高揚していった。

　高校ですら「名前を書けば入れるから」と言われて、本当に名前を書いただけで、スポーツ推薦で入学した自分にとって、大学は望むことすらできない場所だった。

　高校を飛び出し、職を転々として、現場仕事につきはじめたのは、まだ10代のころだった。大学の改修工事に行ったこともたくさんある。汗をびっしょりかいて、ホコリにまみれて重い機材を運ぶオレの横を、自分と同年代の学生たちが通り過ぎていく。仕事の合間に学食で食事をとっていたとき、キャッキャとはしゃぎながら談笑している学生たちをぼんやりと眺めながら、同じ空間にいるのに、まったく別の世界なんだと実感した。「どうしてオレはあっちにいないんだろう」そんなこと、もちろん口に出したことはない。望んではいけないこと、オレには選べない場所。そう自分の思いを押し殺し続けた。

　そんなオレに、初めて見えてきた大学の扉。期待して、やっぱりだめだったらどうしよう。期待が膨らむのと同じくらい不安も大きかった。でも「傷つきたくないから手を出さない」は、もうやめたかった。せっかく見えたスタートラインを何とか引き寄せたい、そんな思いで行動を起こしていった。

当時、芸術系の大学で特修生の制度を持っていたのは京都造形芸術大学と、大阪芸術大学の2つだった。スクーリングに通うことも考えて、土地勘もある大阪芸術大学の短期大学部に志望を絞った。とはいえ、必修単位に英語や数学があればやはり難しい。まずはインターネットを通じて資料を請求した。

　送られてきた入学案内は、芸術大学らしいポップな表紙で、手に取っただけでワクワクした。たくさんの写真、学生たちの笑顔、もしかしたらオレもこの中に入れるかもしれない、そう思いながらページをめくった。

　入学案内の冊子の中には「特修生」に関する記述はなかった。少し焦りながら一緒に入っていた「入学情報」の白い冊子のページをめくる。

　あった！「特修生」と、確かに書いてある。特修生について書かれている部分は、48ページ中たった1ページだったが、確かにあった!! 何度も何度も読み返した。本当だ。本当に中卒のオレでも大学生になれると書いてあった。「大学入学資格のない方で、本学通信教育部正科生への入学資格取得を目的として学ぼうとする方で、平成27年4月1日現在で満18歳以上の方」

　「オレじゃん!!」思わず顔がほころぶ。大学への扉を、やっと見つけた。

　正科生になるには、特修生の期間に総合教育科目から10単位以上履修することが必要だと書かれていた。総合教育科目って…。総合科目は共通なので別のページに載っていた。ドキドキしながらページをめくっていく。「総合教育科目」のタイトルの下の一覧表には、ずらりと15の科目が並んでいた。そのうち4つが英語だった。数学はなかった。よかった！

　とはいえ、英語が必修なら、アウトだ。でも、幸い英語が必修なのは保育科だけだった！

しかし、特修生の10単位は英語を取らなくてもクリアできるが、正科生になったら、結局はこの中から18単位取らないと卒業できない。果たして、英語を取らずに18単位はクリアできるのか。「1、2、3、…」英語以外の単位を数える。慎重に、何度も。英語以外の科目の総単位が20！やった ── ！

　英語以外の科目はほとんど履修しなくてはいけないが、とにかく「これならがんばれる！」は現実味を帯びてきた。

　正科生になったら履修できる「専門教育科目」の一覧には、映像、広告表現、コンピューターグラフィックス、などなどと心躍るタイトルが並んでいた。ああ、これやりたい。勉強してみたい。

　絶対に特修生をクリアしてみせる。オレは大学生になるんだ!!

　ずっとあきらめていたことに手が届く、ワクワクしているのもうれしいのも、「今の自分」だけではない気がした。ちっちゃいサトルも、不良のサトルも、学食でぼんやり学生たちを眺めていたサトルも、みんなみんな、自分の中で飛び跳ねている、そんな気分だった。

４ 「前例はありません」の先に

　はしゃぐオレの横で妻は冷静だった。「確かに科目的には、なんとかなるかも…。でも、単位取得には、『レポートを期日までに提出して、試験を受ける』とあるよ。ここが『手書きで』と言われたら厳しいと思う。正科生になってスクーリングが始まったら、板書を写す機会もあると思うし、パソコンやICT機器の活用が認めてもらえるかどうかを確認しないとね」

　確かに、そのとおりだ。「これなら頑張れるかも」の前提には、ICT

の活用がある。サイバー大学なら、インターネットベースなので心配いらないだろうが、自分の学びたい場所はそうじゃない。「出願の注意事項」には、「身体に障害がある方の入学」についての記載はあったが、LDやディスレクシアについての記載はなかった。

　きっとファーストケースになるんだろう。「前例がありません」といって支援を受けられないという話は、啓発活動をしているときに、イヤというほど聞いた。オレも同じ目にあうんだろうか。

　オレは大学を見学したいわけでも散策したいわけでもない。そこに「学生として所属」し、「知らなかった世界を学びたい」んだ。それには、オレが学ぶための前提が認めてもらえないと厳しい。

　そこがはっきりしないと次には進めないということで、事務局に問い合わせの電話をかけた。
　話す内容は、事前に妻と話し合って整理した。
・自分にはディスレクシアという障害があり、紙媒体での読み書きがとても厳しいということ
・障害に関しては、診断書の提出も可能だということ
・しかし、理解の力には問題はなく、ICTを活用することで学習は可能であるということ
・具体的には、レポートやテストにおいて、パソコンの使用を許可してほしいということ
・スクーリングの際は、板書の撮影や携帯へのメモを認めてほしいということ

　お願いすることばかりの面倒な出願者と思われはしないか。やはり「前例がありません」と断られてしまうのではないか。何より、「読み書きができないのに大学?」とあきれられてしまうのではないかと、悪いことばかり浮かんできた。

　それでも、動かないと始まらない。ドキドキしながら携帯を握りしめた。

「はい。大阪芸術大学短期大学部通信教育部です」明るい声に背中を押されて、少し焦りながらも、必死で自分の状況を説明した。おそらくは「ディスレクシア」という言葉自体も初めて聞いたんだろう、何度か聞き返されもした。緊張していたので詳しくは覚えていないが、しどろもどろになりながらの説明は、決して分かりやすいものではなかったと思う。それでも、電話の向こうの大学の人は、とても辛抱強く聞き取ってくれた。

そのうえで、「それでは、学内で検討してから回答させていただきます」

と言われた。門前払いでなかったことやていねいに対応してもらえたことに感激しながら、携帯を持ちながら何度も何度も頭を下げてお礼を言った。「読み書きができないのに大学？」と言われなかった。それだけでも、すごくうれしかった。

「学内で検討」って、どのくらい時間がかかるんだろう。どんな結論が出るんだろう。待っている時間は不安ばかりだった。

妻は「少なくとも１週間以上はかかるんじゃないかな」と言っていた。１週間…。長いなあ。持つかなあ。そう思っていたら、２日も置かずに電話があった。妻の１週間以上という予想もあり、まったく大学からだと思っていなかったので、「大阪芸術大学短期大学部通信教育部です」と言われて息をのんだ。

かかってきた!!!

「先日、お問い合わせいただいた件ですが…」に続いて、「本学で、LDの方の支援を行った前例はありません」ときた。

やっぱりな。前例がないことは、ダメだというんだろうな。絶望的な気持ちになったところへ間髪を入れず、「前例はありませんが、学内で検討した結果、ICT機器の活用で学べるというのであれば、使用を許可します」と言われた。

そのときの気持ちを、なんと言ったらいいんだろう。うまくお礼が言えたのかさえ、定かではない。そのくらい興奮した。ただただ、頭をぺこぺこ下げていたことだけは覚えている。

　「ICT機器の活用で学べるというのであれば、使用を許可します」そうだよな。当たり前だよね。オレにとってはメガネなんだ。これがなければ学べないんだ。本当は許しを請う種類のものではないはずなんだ。

　でも、この回答がどれだけ貴重なものかも自分は知っている。
　啓発活動をしていた日々、出会った子どもたちも保護者の人も、口をそろえて言っていたのが、「前例がないと許可してもらえない」だった。時には現場の先生でさえ、「前例がないと学校の許可が出ない」と頭を抱えていた。
　あのさ、どっちかというと、「前例がない」ことの方が大問題なんだと思う。それって、オレみたいな子をほっておいたってことやろ？「これがあればできる」って分かっているのに、取り上げてたってことやろ？
　もちろん、それが分からなかった時代も、それができる機器がなかった時代もあったことは分かってる。でも、今は違う。機器もある、「これがあれば学べる」と分かっているケースだってたくさんある。それなのに「前例がないから」っていう理由で断られるって本当におかしなことだと思う。

　おかしいことのはずなのに、あまりにもそっちが多数派だから、きっと今回も「前例がない」と断られるのが、怖かった。だから、本当に「ICT機器の活用で学べるというのであれば、使用を許可します」の一言に心躍った！自分の選んだ大学を、入る前から誇りに思った！

　子どもたちの進む先は、こんなに柔軟なんだ！それがうれしくて、

うれしくて、でも、そこにたどり着く前に力尽きてしまう子どもたちがたくさんいる現実が悲しくて…。

たくさんの人に知ってほしいと思った。大学は、1人ひとりの学び方を、ちゃんと受け入れてくれる。あきらめないで。そして、あきらめさせないで。「前例」でなく、その子とその子の未来を見てほしい。

心からそう願わずにはいられなかった。

5 52歳の入学式

「前例はありませんが、学内で検討した結果、ICT機器があれば学べるというのであれば、使用を許可します」この回答を受けて、事態は急ピッチで進んでいく。

この時点で3月末。できれば春休み中に手続きを済ませて、4月からさっそくレポートに取りかかりたい。

働きながらの10単位。1回に複数の科目の受験も可能だと書いてあるが、おそらくは1教科ずつが精一杯だろう。そう思うと、1年間はあっという間に思えた。

特修生がゴールではなく、その後正科生になって卒業を目指すわけだから、できることならこの1年間で10単位とは言わず、それ以上の単位をとっておきたいという気持ちもあった。

いざ入学となると、通信とはいえ、本当にいろいろな準備が必要だった。

この「準備」「予定管理」の部分には、かなり妻の手助けも受けた。ディスレクシアだけでなく、不注意も顕著な自分は、この先いろいろな「うっかり」をやらかす。時には致命的ともいえる「うっかり」もあった。それでも、なんとか乗り切れたのは身近にサポートしてくれる人がいたからだ。

「苦手な部分には助けを求める」。これが自分を支えたキーワードの1つになった。

妻も直接大学と連絡を取ってくれた。その中で、今後の学習の仕方はもちろん、準備の細かい部分も含めて相談するため、手続きに大学を訪れることにした。

お礼が言いたい気持ちもあった。オレを受け入れてくれた学校に、どれだけ感謝しているかも伝えたかった。

日程を調整している時、大学の事務の方から「よかったら入学式に参加されませんか？ その日は伊丹校舎に我々も行くので、手続きのお話もできると思います」と声をかけていただいた。「行きます！ありがとうございます！」即答した。15歳の春以来、37年ぶりの入学式。「入学式、来ていいって！」妻に報告する顔はにやけていたと思う。

当日は、まだあどけなさの残る新入生たちの列の最後尾に座った。保護者席との境目。多分、だれが見ても「あの人、保護者席と間違えてるんじゃない」という風景。52歳の新入生だもの。へたしたら保護者より年上だもんなあ。

豪奢(ごうしゃ)なステージ、映画に出てくる学者先生たちのように、ローブをまとって四角い帽子をかぶってあいさつする来賓そして、さすが芸術大学とうならされた圧巻の楽団の演奏緊張した様子のスーツの若者たちを見ながら、終始笑顔が込み上げてくるのを感じた。

よろしく。オレもここの学生やねん。

くすぐったいような、なんとも言えない気持ち。オレ、この学校を選んでよかった。心からそう思った。

第1章◎大学への扉

第2章
オレ流の大学生活

1 課せられたハードル

「通信制なら、無理なく仕事しながらできる」「特修生の1年間に、総合教育科目の10単位を取得できたら、正科生になれる」ぼんやりと考えていたときは、「これならなんとかなる」と思えたが、具体的な日程や内容を確認していくと、これはなかなか大変なハードルだった。

まずは1教科あたり2つのレポートを作成する。それを15日までに学校に提出することで、次の月からその教科の試験を受けることができる。
教科によって多少ちがう部分もあるが、おおむね、以下のようになる。
①取り組む教科を決めて、テキストと格闘
②指定されたテーマから2つ選んで、1つ1600字以上のレポートを2本書く
③15日までに学校に着くように提出
④試験の申し込みを送る
⑤試験勉強をする
⑥月初めに試験を受ける

年間、最大10回の試験を受けられるが、4月は無理だし、5月に試験を受けるためには、4月15日までにレポートが終わっていなくてはいけない。まだテキストも手元に届いてないので、これも無理。となると、スタートは一番早くて6月。

必修のスポーツ研究は1単位が2つだから、10単位を取ろうと思ったら、2単位の教科で4回、1単位の教科で2回、最低でも6回は上記の流れを繰り返して「合格」しなくてはならない。

複数の教科の試験を一度に受けることもできるが、オレにはさすがにそれは無理だと思った。1教科ずつ、とにかくクリアしていかなくてはならない。

8回のチャンス。でも、「試験」である以上、受ければ受かるというわけではない。「不可」をもらうと、レポートも試験も「もう1回」なんだと。

　うわあ、かなり厳しい。ざっくり考えて、2週間でレポートを2つ書いて、2週間で試験勉強。これを繰り返すってことは、日中仕事をしているわけだから、ほぼ「毎日勉強する」ということになる。うん、人生初めて。
　おまけに見せてもらったテキストは字ばっかりだ！（当たり前か…）「インターネットの光と影」とか「はじめて出会う心理学」とか、興味をそそられるタイトルもあったが、「現代政治学入門」とか「人権侵害と戦争正当化論」とかになってくると、「大丈夫かオレ」という気持ちにもなる。
　でも「これが大学の勉強なんだ」と、ワクワクした気持ちもあった。こんな機会でもなければ、きっと一生表紙をめくることもなかっただろうテキストたち。「大学生ってすごいなあ」と感慨深かった。

　もちろん、自分がやりたいのは正科生になってからの専門教育科目だが、特修生の期間は「大学生としてそれを学ぶ力がある」ことを示すための一年だ。オレはアホじゃなかった。理解できても、「読む」と「書く」ができなくて、分かったが閉じ込められていただけなんだ。そのことを「大学を卒業する」ことで証明したい。それができたら、やっとあの苦しかった日々を手放せるかもしれない。思い出しては、みじめさで泣きそうになることもなくなるかもしれない。だから、これは引けない戦いなんだ。
　オレが「大学生」になるために、これはもう、何がなんでも「やるしかない！」そんな気分だった。

　だって、願うこともかなわなかったスタートラインをやっと越えたん

だ。ハードルは高いけど、挑戦するチャンスをやっと手にしたんだ。今頑張らなくて、いつ頑張るっていうんだ。
　夢見た自分を絶対に取り戻してやる、そう心に決めた。

2 オレ流　レポート術

　レポートでのパソコン使用と印字しての提出は、入学前の相談でOKをもらっていた。まずは、これがありがたかった。「パソコンを使ってまとめてもいいですが、提出用には手書きで清書してくださいね」と言われたらどうしようと、ひやひやしていた。
　「パソコンで打ったものを書き写すだけ」と言われても、不注意も高いオレにとって、原稿用紙4枚以上にもなるレポートを正しく写すことは至難の業だ。オレにとっては、打ち込んで印字することが「書いて提出」なんだ。それが認めてもらえたことは素直にありがたかった。
　とはいえ、それはあくまでも「学ぶための前提」本当の闘いは、ここからだ！

　総合教育科目でのレポートの書き方は、こうだ。指定されたテキストと学習の手引きのレジュメを読んで、テーマにそって1600字以上でレポートにまとめていく。テーマは、「第一課題」「第二課題」という2つのカテゴリーごとに、それぞれ5つ前後並んでおり、その中から自分で1つずつ選んで書くことになる。
　普通の大人には、本を1冊読んで指定された内容についてまとめるなんて簡単なことかもしれない。でも、オレは「普通の大人」じゃない。
　読み書きの困難が大きいという特性を抱えていることはもちろんだが、なんたって、それを隠すために、40年近くまともに読み書きをしてきてないんだ。ディスレクシアだと分かってから、ICTの助けを借りて少しずつ読むことも書くことも始めてきたけど、基本的には「好きな

ものや興味のあることを調べて読む」「思ったことや書きたいことを書く」ことが中心だったわけで、「未知の分野について読んで」「指定されたことについてまとめていく（おまけに字数指定アリ）」なんていうのはまったくの初体験だ。

　そもそも「フェイスブックに書いていたら結果的に超長くなった」という経験はあるものの、自分の学校生活の記憶をフル動員しても、原稿用紙を１枚埋めきった記憶すらない。

　大丈夫かオレ。いけるのかオレ。

　でもやるしかないわけで、作戦会議が必要だった。会議のメンバーは、妻とオレ。

　以下、会議の模様を中継。

妻「テキストは『自炊』でデータ化して読み上げさせていく？」
俺「うーん、そのつもりなんだけど、あまりにも今まで見たことのない世界のテキストばっかりだから、聞いただけで分かるのかなあという不安もある」
妻「そうだね。学校に通ってると、先生が分かりやすく説明してくれるから、『なるほど、そういうことか』って分かるけど、テキストだけでというのは、かなり厳しいなあって、私も思う」
妻「智は、興味のあるものだったら、今は読み上げしなくても読んでることがあるよね。そこにヒントがないかなあ」
俺「うーん、好きなものにはイメージがそもそもあるし、『こんな感じ』という予想もしながら読めるから、わりと分かるんだよなあ」
妻「イメージをつかんでからだと、読みやすくなったり、分かりやすくなったりするってこと？」

俺「そんな感じ。好きなものは、いっつも動画をバンバン見てるし、そもそもの固有名詞が分かってるから、タイトル見て「ああ、きっとこんな感じだな」と思いながら読める」
妻「だったら、テキストも、読む前にイメージが持てるのと違うんじゃない？ タイトルとかレポートのテーマとか著者で検索して、出てきた情報をあらかじめ見て勉強してから、テキストに向かってみたら？」
俺「なるほど！ それなら得意だし、絶対に頭に入る自信がある！」

　というわけで、オレのレポートは、「ベッドでYouTube」という、およそ勉強から一番遠そうな形からスタートした。今の時代でよかった。本当につくづくそう思う。検索をかけたら、どんどん動画が見つかった。

　日常の自分は、カメラのことやDIYのこと、UFOや不思議な現象のことなどを、繰り返し検索して視聴して楽しんでいる。検索していると、似た情報や、ちょっと違う情報、角度を変えた情報などが出てきて、1つの事象についても多面的に知ることができる。そうすると「へーそうなんだ」とその場だけの楽しみで終わることなく、自分の中に知識として蓄積されていく。

　それを大学の課題でもやってみた。もちろん、出てくる言葉は難しいし、予備知識を持たない自分にとっては？がたくさん飛ぶことも多い。でも、いくつも同じテーマで動画を視聴していくと「こういうことなのかな」というつながりも見え始める。

　特に、テキストの著者の先生の動画があるものは分かりやすかった。通信でも授業の動画配信をやっている学校があると聞いたが、なるほどと思った。先生が授業してくれるのが、そりゃあ一番分かりやすい。いつかうちの大学もそうなるといいなあ。

そこからテキストに向かう。すると、なんだか書いてあることが分かるんだ。「あっこれあの動画で見た」というものもいっぱい出てくる。オレ結構いけるじゃん！大学の勉強、分かるよ！それはなかなかウキウキする体験だった。

　ところが、「なるほどね。面白かった」では、終われない。情報の入力が終わったら、今度は出力の作業だ。
　まずは書くテーマを決める作業。レポートのテーマでも検索をしまくっていたので、どれも「なんとなく」分かっている。「レポートの書き方の作戦会議しなくちゃね」という妻に「待って、とりあえず書いてみる。書けそうな気がするんだよね」とオレ。
　「書けそうな気がする」のは、実際毎日、文章を書いていたからだと思う。短かったり長かったり、いろいろだけど、フェイスブックに自分の言葉で文章を綴り続けてきたことが自信につながっている。

　結果は…。撃沈。鼻息荒く書き始めたものの、頭にぼんやりイメージがあっても、いざ書こうとすると、うまく言葉にならない。それでもすごく時間をかけて、自分なりに一生懸命書いてみたものの、200字にも届かなかった。

　以下、再度中継。

俺「なんかうまく書けんし、そもそも1600字とか全然いかない」
妻「レポートって、『書きやすいテーマ』と『書きにくいテーマ』があるんだよね。まずは、『書きやすいテーマ』を選ぼうよ」
　そう言って、テーマ一覧とテキストの目次を見比べて、テキストの中身もパラパラと眺めていたかと思うと、
妻「これだと割と書きやすいと思うよ」

と丸を付けてくれた。

（えっ、今ので分かったん？ むかつく…と思わなくもなかったが、とりあえず）

俺「なんでこれが書きやすいん？」と聞いてみた。

妻「テーマで問われている内容が、そのまま書いてある箇所があるから、引用しやすいでしょ？」

（なるほどね。そんなこと考えたこともなかった。）

妻「あとね、最初から何かを伝えるために長い文章を書くのって、難しいんだよ。だから、できるだけ短い文章、できれば箇条書きにして言いたいことをあげておいて、それから「①について述べる…」みたいに順番に書いていくと書きやすいよ。こんな感じのフレームにそって書いていくんだよ」

そう言って、パソコンの画面に書き方の例を打ち出してくれた。

（妻は現役の先生だが、自分以上に字が下手なので手書きでメモは書かない）

「……について成果を述べなさい」

・「……」とは…（テキストから書き写す）
・成果について、以下の2点について述べたい
　①…（テキストから書き写す）
　②…（テキストから書き写す）

・まず①について述べる…
・次に②について述べる…

・今回のテーマについて考える中で…
　（自分の感想を書く）

妻「こういう授業の課題レポートって、すごくいい文章を書きなさいってことじゃないと思う。智がこの授業の目指しているものをちゃんと理解できているかを測るためのものだと思うし、そもそもこの『レポートにまとめる』という作業を通じて、この授業の大切なテーマを学んでほしいってことだと思うんだ。だから、箇条書きがいっぱいになっても、求められている内容をちゃんと見つけて、それについてまとめていけたら、それでいいんじゃないかな。でも、最後に『自分の意見』はあった方がいい。感想でかまわないから、このテーマについて考えたりまとめたりして、『自分はどう思ったか』ってこと。そこは、フェイスブックで鍛えた文章力の見せどころだよ」

（なるほどね。確かにこれなら書けそうだ。だって内容は分かっているんだし、テキストを見ながら書いていいわけだし。）

俺「テキストを写すとこがあってもいいってこと？」

妻「むしろ、そこは、正しく写さないといけない部分だよ。テキストからこの情報をきちんと見つけたってことだもん。それを探すのに、目次とか後ろの索引とかが役に立つよ」

　知らなかったことばっかりだ。内容の勉強に「入る前に」課題を作成「する前に」やらなきゃいけないことがある。これが、何十年も勉強する機会から遠ざかっていたツケなんだろう。

　それに、オレの場合は、年齢的に遠ざかっていただけじゃない。

　小学校時代は、授業内容が分かっても、読み書きの必要な学習にはまともに取り組めなかった。中学時代は、そもそもまったく読み書きに取り組んでいない。「読んで理解し」「書いて評価を受ける」という、他の人たちが子ども時代にたくさん積み重ねてきた経験がほぼないんだ。大学でいきなりそれを始めようというんだから、そりゃあ大変だ。

　でも、

・書きやすいテーマを選んで
・フレームにそって短い文章でまとめていく
・できるだけ番号を付けて、順番に説明していく
・最後の感想は思いっきり書く
　うん。これだとできそうだ。

まずは正科生を目指しての1年間「ちゃんとオレ勉強しましたよ」の証しのレポート、下手でもいいから「書けるように」書いていくぞ！

そんなわけで、最初のレポートは、紆余曲折しながらもなんとか仕上がった。1600字が2つで原稿用紙にしたら8枚以上！こんなに長い文章を書いたのは、最初の本を書く前に、自分の体験を吐き出したとき以来。いやー、マジで頑張った。

でも、最初やみくもに始めたこともあって、予定よりずっと時間がかかってしまった。なんとか最初の教科の2本のレポートを提出できたのは6月が過ぎてからだった。なので、試験のスタートも7月にずれこんだ。チャンスは残り7回。10単位取るには、最低6回レポートと試験をクリアしなくてはいけない。

いろいろ待ったなしだけど、やめたいとは思わなかった。オレ流でいいなら、オレは絶対やり遂げられると信じていた。

3 試験という初体験

レポートも大変だったが、試験はなんたって初体験だ。

いや、もちろん子どものときに受けたことはある。でも、小・中時代はほぼ白紙だったので、当然、評価は最低だったわけで。読めなくて書けないオレには、それしかできないから、仕方がなかったんだけれど、学校では、自分にそれ以上のことは要求されなかった。

なので「試験で合格点を取る」という、ある意味当たり前の「試験」に臨むのは、自動車運転免許の試験と、ディスレクシアだと分かってから受けた、いくつかの資格試験以来だ。
　でも、今まで受けたそういう「試験」は「選択」なんだ。オレ、これにはちょっと自信がある。内容が理解できていれば、どんなに細かいひっかけがあっても、結構いける。福祉住環境コーディネーターの2級だって、95点以上が必須の二種免許だって一発合格だった。

　でも、大学の試験は違う。なんと記述！自分で解答を文章にしていくんだと。「記述式の試験で合格点を取る」というのは、マジで人生初の挑戦になる。
　口頭試験なら絶対自信あるのになあ、せめて選択肢があればなあ、と嘆いてみても仕方がない。それは分かっていて、ここを選んだんだ。
　それに、大学は今できる精いっぱいの配慮をしてくれた。「パソコンの使用」、「別室での受験」を許可してくれたんだ。これがなければ、そもそも「記述の試験」を受けるスタートラインに立てない。
　大学は、スタートラインに立たせてくれた。だったら、そこから先が平坦なコースでなく障害物競走になっていても、自分で乗り越えていくしかない。

　試験は、あらかじめ示された8題の中から、当日2題が出題される。「問題が分かっているテストなら簡単じゃん」と思ったが、どれも相当難しい。さすが大学！おまけに、「どれが出るか分からない」以上、8問全部に答えられる準備をしていかなくてはいけない。
　まずは「解答の作成」だ。テキスト、手引き、インターネットを駆使して、解答を作っていく。「…について説明せよ」なんて課題も結構ある。元の言葉も難しいけど、それを説明する言葉も、聞いたことないような熟語がばんばん出てくる。

それでも、なんとか調べていけば「解答」はできた。次はそれを自分の中に入れていく作業だ。ここでは、読み上げ機能が役に立った。作成した解答を、読み上げ機能で再生させる。
　仕事中も聞きたいと思って、ひと工夫。「iPadで読み上げさせる→iPhoneで録音→音声データとしてiTunesに送る→iPhoneに同期する」これで、音楽と同じように「連続再生」が可能になる。いちいちテキストを選択したり、読み上げボタンを押さなくてもよくなった。我ながら、ナイスアイディア! 仕事中もループさせて1日中聞いていた。
　それはもう、暗記してしまうまで聞き倒した。

　そもそもレポート作成時に勉強した内容でもあるし、「聞いての理解」は得意なので、繰り返し聞いていくと「なるほど、そういうことか」と、理解も伴って自分の中に落ちていった。

以下、作戦会議を中継

妻「今までの資格試験は、『しっかり理解する』でなんとかなったけど、記述で合格点を取るには、『理解したことを正しく出力する』ができないといけないから、大変だね」
俺「パソコンが使えるから、大丈夫じゃないかなあ」
妻「うん、多分いけると思うけど、自分の考えを書くんじゃなくて、問われていることに答えるっていうのは、打ち込むときに『正しい用語』を使わないといけなくて、それって、『正しい音』で打ててないと出てこないよ。智、意味は分かってても、音を間違えて覚えちゃうことあるよね？」
俺「あー、それはめっちゃある。そうか、それだとやばいんだ」
妻「うん。だから、『理解する→覚える→出力の練習をする』っていうのが必要になると思う」

なるほどなあとは思ったが、どこかで、「これだけちゃんと分かってるんだから書ける書ける」と言う気もあった。なので、「出力の練習をした方がいい」と言われても、最初はなかなか向かう気になれず、試験の数日前にやっと、「そろそろ本番みたいに書いてみるか」とやってみた。

やってみたら、これが、真っ青になるくらい書けない。まず、お目当ての熟語が出てこない。予測変換に候補が出れば選べるのに、そもそも「出ない」ということは、自分が入力している「音」が違うということ。「あー、こういうことか…」作戦会議を思い出し、しばし反省。

といっても、試験は目の前だ。慌てて、まずは「解答を見ながら打つ」をしてみた。iPadに解答を表示させ、それを見ながらパソコンで、どんどん打っていく。答えを見ながらの作業だし、これはさすがにできる

だろうと思ったら、できない…。さんざん音で聞いているから難しい言葉もすらすら読めるのに。「聞いたまま」「読んだまま」入力しても、欲しい字が出てこないのだ。

　そうだった。自分は「出張」が読めるし、意味も分かるし、会話で「しゅっちょう」と言えるし、もちろん「しゅっちょう」も聞き取れる。でも「出張」と打つことはできない。自分が発音している「しゅっちょう」という音を文字にするために、どのひらがなをどう並べたらいいのかが分からないんだ。
　いつもは「出張って、どう打つ?」と聞けば、「し、小さいゆ、小さいつ、ち、小さいよ、う」と妻が答えてくれる。それを聞いて、順番に打ち込んでいくと、「しゅっち」あたりで予測変換に「出張」があがってくる。見ればすぐに「これこれ」と選ぶことはできる。

　そんな状態だったから、さんざん聞いて、すらすら喋れても、正しく入力するためには「音が見えないといけない」ことに気がついた。
　解答はテキストにしてあるので、打てなかった述語を選択→辞書で調

べて、プリントアウトしておいた紙にひらがなで音を書き込んでいく。こうすると「音が見える」んだ。

　ひととおり書き終えたら再度挑戦。iPadの画面を見ながらの打ち込みの練習。出てこないときは、音を書き込んだ紙で確かめて…
　試験前、最後の一日は、仕事も休んでひたすらこの「出力の練習」に追われた。

　試験が「理解度を測る」ものなのだとしたら、オレ、ちゃんと理解し

たよ！　説明しろって言われたら、ちゃんとできるよ！　でも、「書く」ことで出力しようとすると、学んだ内容じゃない部分が大変なんだよ。

　もちろん、「手書きで」と言われたら、そもそも完全アウトでスタートラインにも立てないわけで、そりゃあ、パソコンを使えるのは超ありがたいけど、それでもこれだけ大変なんだ。「書きに困難があるけど、パソコンを使えば大丈夫」なのは、おそらく、困っているのは「書く」だけで「読むことはできる」人たちじゃないかなあ。
　オレみたいに「読むこと」がそもそも大問題だと、パソコンを使っていたって、「音が見える」がないと「正しい言葉」を出力していくのは本当に難しいんだ。
　自分で選んだ障害物競走だから、頑張るけどね。頑張るけど、勉強だけに集中できるコースが走れたらどんなにいいだろうって、読み書きができる人たちは、こんな苦労しなくていいんだ、うらましいなあって思うのも事実。

　それでもなんとか、試験当日。最初の全体への説明はみんなと聞いて、そのあと別室に案内された。さっきまでのざわざわした雰囲気がない静かな部屋。それだけでもずいぶんと安心できた。
　試験開始まで、とにかく読み上げを聞き続けるのが最後の追い込み。
　問題用紙を渡されて、「よし、これ書きやすい問題!!」とガッツポーズ。それでも、緊張も手伝って、思うように言葉が出てこない。「落ち着け落ち着け」呪文のように唱えながら、iPadの画面とiPhoneの音と、音を書き出した紙の映像を思い浮かべる。
　２問とも、本当に分かってるって。試験監督の先生、口頭で聞いてよ。すらすら答えるから。と叫びたくなっては、我に返って、うんうん唸りながらパソコンに向かう。
　「時間です。そこまで」と言われるまで、読み返しては思い出し、思

い出しては修正し、を繰り返した。終わったら、「これが燃え尽きたという状態か」と思うほど、疲れと脱力感でいっぱいだった。手に汗をびっしょりかいていたのに気付いたのは試験会場を出てからだった。

　「別室で」試験を実施するというのは、大学にとっても大変なことなんだということも、やってみて分かった。大学施設なので、部屋はたくさんある。でも、別室で試験をやるためには、オレのため「だけ」に1人の試験監督がつくんだ。通信の試験日は土・日だ。休日に、オレ「だけ」のために1人出勤してくれるんだと思うと本当にありがたかった。
　試験監督の先生は、ずっとじーっとオレを見てた。たった1人を見続けるって結構大変だろうなあ。1人のための試験監督なんて、この先生もきっと初めてなんだろうなあ。大学も手探りをしながら頑張ってくれているんだと実感した。
　それをしてもらえてのスタートラインなんだと思うと、障害物競争も頑張らなきゃな、という気持ちも湧いてくる。

　ド緊張の最初の試験の結果は、「良」おおおお、クリアだ!!
　よくやったオレ!!　すごいぞオレ!!

　思えば、もらってうれしい成績票も、結果が気になってドキドキする成績票も、学校からもらったのは、これが人生初めてだ。
　読めないから問題が分からない。書けないから答えられない。そんな自分にとって、成績票なんて、1と2が並んでいるのが当たり前だから、見る気にもならなかった。
　読み書きができないと、だれより優れていた体育だって1か2なんだ。「それはおかしい。そんなことあっちゃいけない」と、教師でもある妻は言うけど事実そうだった。
　オレ、体育のときはめっちゃ集中できたし、技能的にもなんでもでき

た。でも、成績票はずっと1か2だったぞ。それがおかしいと言うなら、きっと、「全然勉強しないくせに、好きなことだけやってる」と見えてしまうオレへの、先生からの当てつけだったんだろうなあ。

　でも、子どもにはそんなことは分からない。学校中で一番運動ができたって、オレはダメなやつだから評価されなくて当たり前なんだって、ずっと思ってた。頑張ったって無駄なんだと思い知らされてきた。

　大学の評価は5段階ではなくて、優・良・可・不可の4段階らしい。「可でいいから、通してください！」と祈っていての「良」いやー、本当にうれしかった。オレ、よくやったよ！！

　それにしても、正科生になるためには、これをあと5回、卒業するためにはさらにプラスで4回やるのか…。大丈夫か、オレ。頑張れ、オレ。

　成績票が来たときは、すでに次の教科の勉強に入っていたので、あれほど「完璧！」と思っていた内容も結構忘れていた。

　「試験はクリアできたけど、すでにかなり忘れちゃったなあ」とぼやくと、「試験なんてそんなもんだよ。でも、『必死で勉強したこと』、一時期でも『しっかり覚えたこと』って、ちゃんと体に残ってて、関係する言葉を聞くと『ああ、知ってる』って思うし、『どうだったっけ』と思って調べると、すぐ『そうだった、そうだった』って思い出せるよ。あと、言葉を忘れても、そこで勉強した考え方とかものの見方は、ちゃんと知識として残っていくから大丈夫」と、妻。

　さすがに現役の先生、言うことが違う。なんとなく煙に巻かれた気がしないでもないが、ここはとりあえず、家庭内先生の言うことを信じて、もうひと頑張りやっていこうと思った。

4 「ずるい」の呪縛

　大学に入ると決めたとき、手続きや準備などは妻に手助けを依頼した。その辺はオレがとても苦手なことで、とてもじゃないが1人でできるとは思えなかったからだ。
　この「人を頼る」ということが昔は本当にできなかったけど、自分なりにそこは素直に受け入れられるようになった。
　でも、勉強については、妻の手を借りる気はさらさらなかった。
　そうじゃなくても、妻が先生であると知っている人たちからは、ことあるごとに「奥様のおかげだねー」とか、「サポートしてもらえていいねぇ」とか言われることが多く、なんだか「お前は1人じゃダメなんだよ」と言われているようで、複雑な思いになることも少なくなかったからだ。
　だからこそ、実際の勉強だけは自分でやり遂げるところを見せつけたい、そんな気持ちもあった。

　でも、実際に勉強を始めてみると、まともに「勉強」をした経験がない自分には、どこから手をつけていけばよいのか分からない。
　テキストを読みあげさせればイケると思っていたが、「レポートを作って」「試験に受かる」というのは、「分かる」だけではだめらしい。
　「この日までにやらないといけないこと」というゴールは見えているのに、そこまでの道のりがさっぱり見えてこない、そんな感じだった。
　イライラとしながらテキストと向き合っていた自分を見かねたのか、妻は何度も協力を申し出てくれたが最初はずっと拒否していた。

　「手続きとかの事務的なことはともかくとして、勉強は自分でやらんと意味ないやん。手伝ってもらうのはずるいことやし」というと、妻は

真顔でこう言った。
「あのね、学校で勉強するというのは、『全部１人でやる』ということではないんだよ。それができるなら、そもそも学校はいらないし。学校って『教えてくれる』先生がいて、『相談できる』友達がいて、聞いたり手伝ってもらったりしながら勉強していくとこなの。大学なんて一番それが顕著な場所。私も大学のとき、授業を聞いても分かんないとこは、先輩や友達に教えてもらったし、レポートなんて、どれだけみんなにお世話になったか分かんない。学校は、『人に聞いていい場所』なんだよ。教科によっては、答えを見ながらやらないと分かんないものもいっぱいあるし。
相談することや一緒に考えることなんて、ずるくもなんともない。試験じゃなかったら答えを見ることだって悪くない。最終的に試験を受ける時は１人だけど、そこに至るまでに、その教科を『理解する』ってところは、たくさん人に聞いて教えてもらっていいんだよ。そもそも通信で、授業が聞けないっていうハンディがあるんだから、どんどん質問して、話し合っていかなきゃ」

そうなん？ 分からないことを教えてもらうのは、「ずるい」のと違うん？

だって、ちびサトルが漢字の読み方を隣の子に聞いてルビ振ってたら、「こんなことしてるから、いつまでたっても読めるようにならないんですよ！」って言って、先生が鬼みたいな顔で、オレが教科書に書いたルビを消してたで？ それ見て、みんなもクスクス笑ってた。
自分でできないのは、ダメなんちゃうん？ 教えてもらうことはずるいんちゃうん？

ずっと白紙のテストで０点だったオレだけど、５、６年の担任だった

設楽先生が、問題を読んでくれて、オレが答えたのを書いてくれたときは95点が取れてんで。そんときだって、みんなに「ずるい」って言われた。95点はうれしかったけど、だれも読んでもらってないのに、みんなは自分でやっているのに、オレだけ読んでもらうのは言われたとおり「ずるい」気がして、「ずるい」で95点なのはイヤだと思って、二度と読み上げてもらうことはしなかった。

あれもなん? ずるいんじゃないん?

「学校で勉強するというのは、教えてもらっていいし聞いていいんだ」

オレ、そんなこと、知らんかったし。

妻の話は理解できたし、言われてみればそのとおりだってことくらいわかる。勉強初心者なのに、なんで「1人でやらなきゃだめなんだ」って思い込んでいたんだろう。

頭のどこかで「ずるーい」って声がずっとしてたんだ。「今の自分」を、

何十年も前の記憶が縛っている。「ずるい」の破壊力は強烈だ。チビのころに聞いた「ずるーい」は、やったことだけでなく、「そんなことをするお前自身」もダメなやつだと切り捨てる言葉として、ずっと自分を苦しめていたんだと、このとき気が付いた。
　そっか、聞いていいんだ。教えてもらっていいんだ。そうだよな、それを「分かる」ことが大事なんだよな。それが「分からない」から学校に行ってるんだもんな。
　そんなドタバタを経て、妻はオレにとって、家庭教師であり同級生になった。分からないことがあると質問して教えてもらうこともあった。レポートのテーマについて、意見を出し合って話し合うこともあった。各種「作戦会議」もそこから生まれてきた。
　話して聞いて、考えてやってみて、妻を相手に、行ったり来たりしながら、少しずつ「自分の勉強の仕方」が見えてきた。

　「学校は1人で学ぶ場所じゃない」そうだよな。これでいいんだよなあ。
　チビのころ、サトルに教えてやりたかったな。そしたら、「ずるい」にあんなにびくびくせずに済んだのに。設楽先生の読み上げテストだって2回目も受けられたかもしれないのに。
　そしたら、見たことないけど「100点」だって取れてたかもな。

5 知ることで変わる世界

　だれにも信じてもらえないと思うけど、子どものころのオレは、読み書きできなくても勉強自体は好きだった。観察や実験は、いつもワクワクしていたし、先生の話してくれる、自分の知らない世界の知識に心が躍った。
　中学で自分を守るために荒れ始めてからだって、授業には極力出席し

た。パンチパーマにそりこみ、短ランにボンタンで金のネックレス。分かりやすい不良の格好で、机に足を投げ出して。態度は最低。だって、当てられたら困るから。いつでも机を蹴飛ばして周囲をビビらせて黙らせる用意だけはしておかなきゃいけない。

　実際、何度か実行もした。そしたら、二度とオレに読ませよう、書かせようとする先生はいなくなった。授業は、「サトルはいるけどいない」状態で進んでいく。先生からも周囲からも、触れられない。つまりは無視してもらえた。無視してもらって、やっとオレは安心して授業を聞くことができた。「当てられたらどうしよう」「また笑われるかも」とびくびくしなくていい。

　中学校は先生が話してどんどん進めていく。聞いたことのない知識は、どれも興味深くて面白かった。

　「面白かった」記憶はあるんだ。でも、具体的に「何を習ったの？」と言われると出てこない。「実験とか、化学反応の話とか、歴史の話も面白かった」というところがせいぜいだ。

　先生が話すのを聞きながら「へー」と思って、それで終わり。予習も復習もできない。今みたいに「もっと知りたい」と思ったらすぐ検索できるような環境もない。試験は受けないことも多かったし、受けても白紙なわけで、「試験勉強」なんてしたことない。

　新しい知識に触れても、その場で終わり。知識はオレの中を通り過ぎて、とどまることはなかった。

　大学の勉強をして初めて、「勉強したことがとどまる感じ」を知った。レポートと試験勉強で繰り返し調べたりまとめたり覚えたりしていると、知識は経験とつながって「意味」を持ち始めた。

　そのことを一番痛切に感じたのは「憲法」の勉強をしたときだった。

憲法って、小学校でも中学校でも勉強するんだって。やったはず、聞いたはず。でも、通り過ぎて残っていなかった。知っていたのは「日本で一番大事な決まりが憲法」というくらいだった。
　日本国憲法の三大原則、「国民主権」「平和主義」「基本的人権の尊重」については言葉も知らなかったけど内容も分かってなかった。知れば知るほど思ったのは、何よりもまず「日本っていい国やねんな」ということ。自分たちのことを自分たちで決められて、戦争は絶対しないと誓ってて、1人ひとりが大切にされるなんて、最高やん！この憲法が元になって、今の日本ができているんだって。それってすごい!!

　オレの趣味の1つは、子どものころから映画を見ることで、いろんな時代のありとあらゆる映画を見てきた。その中には、たとえば『ライフ・イズ・ビューティフル』など、「国」のゆがみで苦しむ人々の姿を描いたものも少なくなかった。それもあったからかな。日本の憲法の原則を知って「なんていい国なんだ!」って、素直に誇らしかった。

　その中でも、レポートのテーマの1つだった「生存権」には感動した。日本すごい！日本人でよかった!! そう思えた。
　「でも、それならなぜ…」次に湧いたのは疑問だった。日本は基本的人権の尊重が原則の国で、その中には「健康で文化的な最低限度の生活」をすべての国民に保障した「生存権」があるって。だったら、なんで、「なんで、西成のオッチャンたちは、毎年凍死せなならんの？」

　オレの生まれは大阪の下町で、西成（にしなり）の近くに住んでたこともあったし、そうじゃなくても、あの辺のことはよく知ってる。いろんな事情のオッチャンたちがたくさんいる街。毎年冬になると、その街の誰かが凍死したというニュースが流れてくる。オレ自身、行き倒れているオッチャンを見つけたこともある。

聞けば胸が痛いし、見れば切なさが募る。「気の毒だなあ」と思うことはもちろんあったが、どこかで「自分も何もしてあげられないし、仕方のないこと」と目をつぶっていた部分もある。

でも「生存権」があるなら、すべての国民に生きる権利があるというなら、あのオッチャンたちは、雪の中で冷たくならなくてもよかったんちゃうん？
頭の中がぐちゃぐちゃになる。怒りで体が震える。こんなこと、今まで考えたことなかった。それは、「憲法のままの国じゃないなんてひどい」というような、単純な怒りじゃない。うまく言えないけど「オレは何を見てたんだ」みたいな、ひどく情けない、そんな気持ち。

「生存権」を知らずに生きていたときには、「仕方ないこと」と映った風景が、知ったことでちがう意味を持った。あれは「仕方ないこと」じゃなかったんだ。そして、「これではいけない」と声を上げて行動しようとする人を選挙で選ぶこともオレにはできたんだ。
選挙なんて自分には関係がないことだと思ってた。
オレ、何歳だよ。何年この国に住んでるんだよ。見ていたのに見えていなかったものがあったのだと強烈に自覚した。

10代で会社を立ち上げて、がむしゃらに働いていたとき、学校に通う同年代の連中を見ながら、「勉強なんて意味ない。オレの方があいつらの何倍も稼いでる」と虚勢をはっていた。
もちろん、できないコンプレックスの裏返しの強がりだ。でも、当時のオレにとっての「勉強」は、知らないことが分かって面白いものという程度の認識だ。「知ることの意味」なんて考えたこともなかった。
勉強するって、こういうことなんだな。しみじみと、そう思った。
知ることで、世界の見え方は変わるんだ。

6 「大学生」誕生！

　カントがどうとか、エンドウ豆のしわがあるとかないとか、毎月、初めて聞く言葉の洪水と戦いながら、レポート、試験と必死で頑張った。いや本当に。「知る」だけじゃなくて、「理解して」「出力する」って、マジ大変。

　毎月、「レポートの締め切り」と「試験」に追われて明け暮れる。大学生って、こんなに大変なん？と、弱音も吐きたくなる。

　「うーん、私は大学時代、遊びほうけてたよ。それでも、みんなでノート回したり、教授のとこに教えてもらいに行ったりできたから、なんとか乗り切れてた。智は通信だから、そういう『学生の環境』がない中で頑張っているから、すごく大変なんだと思う。」

　と、妻。

　「学生の環境」かあ…。うらやましいなあ。でも、正科生になればスクーリングがある！短い期間だけど、授業ぎっしりだけど、「学生の環境」体験もできるはず。

　そう自分で自分を励ましながらの11か月。なんとか総合教育科目12単位を取得!!「可」もあるけど、「優」もある!! すごいぞオレ!! やったぜ、オレ!!

　これで正科生だと思ったら、最後の関門があった。「面接」だ。

　教科の単位を取ることばかりに必死ですっかり忘れてた。これがいわば「ラスボス」というか最後の難関だった。ここをクリアして初めて「大学生」がスタートする。

　日程を調整してもらって、面接に臨んだのは、2月も終わりのころだったと思う。人当たりには自信があるが、なにせ「大学生になれるかどうか」の瀬戸際だ。緊張の時間だった。

オレの面接をしてくれたのは大学の偉い先生。偉い先生なんだけど、全然威張ってなくて、にこにこと穏やかな方だった。
　発達障害のこと、特修生のこと、いろいろ聞かれていろいろとしゃべった。緊張していてあまり覚えていないけど、「これだけは絶対言って帰らないと」と思っていたのは「お礼」だ。
　レポートや試験でのパソコン使用を許可してもらったこと、別室での試験を認めてもらえたこと、しんどくても大変でも、なんとか12単位取得までこぎつけたのは、大学の柔軟な対応のおかげだった。
　どうしてもどうしても、そのお礼を言わなくては、と家を出るときから、それだけは決めていた。なんとか心からの感謝の気持ちを伝えた。
　するとその先生は、「わが校は、あなたが学ぶために必要なものを取り上げたりしません。それがあれば学べるというなら、しっかり使って学んでください」にっこり笑って、そうきっぱりと言われた。

「必要なものを取り上げたりしない」

　面接の場面なのに、公的な場なのに涙が出そうだった。さすがにここで泣くわけにはいかないと必死にこらえたが、視界はじんわりとぼやけた。
　「ありがとうございます」。表向きは、そう言うので精いっぱいだったが、心の中では、チビのころの不良のころのサトルたちが叫んでた。
　「取り上げられて、罵られてきたんです!」「ルビを振ることさえ許されず、笑われてきたんです!」

　40年前は仕方なかったのかもしれない。だれもディスレクシアなんて知らなかったんだろう。でも、今の時代も、必要なものを取り上げられている子どもたちがいる。
　先生、先生、その言葉、全国の学校の先生に聞かせてやってくれ!

「必要なもの」。そのとおり。必要なんだ。メガネと同じなんだ。あるとないとでは、できることが違うんだよ。これがあればオレは大学の勉強だってできる。その証拠に試験もクリアして、ちゃんと1年で12単位とれたから、ここにいるんだ。
　「取り上げたりしない」。そうだよな。当たり前だよね。先生は、学校は、子どもの、学生の味方だよね？ 取り上げようとする人がいたら、かばってくれたっていいはずだ。ぐるぐるといろんな思いが込み上げてくる。

　面接官の先生は、最後にもう一度にっこり笑って、「スクーリングは楽しいですよ」と声をかけてくださった。
　これってOKってことだよね。ありがとうございます。ありがとうございます。スクーリング、入学する前から、楽しみでした！ オレ、本当にこの大学を選んでよかった!! ここの学生に正式になれるのが、めちゃくちゃ誇らしい!!

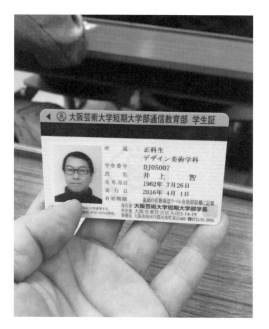

　3月に合格の書類が、4月になって学生証が届いた。
　オレの顔がある。学生番号がある。大学の名前がある。これが学生証。これがあれば、学割も受けられるらしい。

　大学生、オレが大学生だよ。だれも想像しなかったよな。自分だって、まさか大学生になれる日が来るな

んて、思いもしなかった。
　でも、夢じゃない。夢だったら暴れるぞと思うくらい、頑張ったんだ。ちゃんと「あなたはうちの大学で学ぶ力があります」と認めてもらって、手にした「大学生」。
　しばらくは、学生証を取り出してはニヤリとする日が続いた。

7　スクーリングを始める前に

　大学内で、オレの状況については先生たちの間で、共有してもらっているとのことだったが、これまでのレポートや試験と違い、「授業に直接参加する」スクーリングは、ずっと楽しみにしてきた反面、「配慮が本当に受けられるのか」という不安もあった。
　そこで事務の方とも相談し、改めて自分の状況やお願いしたいことを文章にして提出した。
　文面は妻と相談して作ったが、ポイントとして大切にしたのは、
・具体的にどんな場面で何を許可してほしいのかを端的に伝える
・周囲へ話していただくことは問題なく、自分からも同級生にお願いする用意がある
　の2点だった。

　オレには支援を受ける「権利」があるのかもしれない。でも、現時点でそれが決して「当たり前に享受できるもの」ではない現実も知っているつもりだ。大学で学べていることも、学び続けていけることも、周囲の理解があって成り立っている。感謝の気持ちを忘れず、求めるだけでなく「自分にできること」を明確にしていくことで、「一緒に学ぶ」みんなと気持ちよく過ごせることを目指したいと考えながら作成した。

　　以下は実際に大学に提出した文書だ。

スクーリングを受けるにあたり、配慮をお願いしたいこと

デザイン美術学科 井上 智

　特修生から本科生になりました。デザイン美術学科1年の井上です。現在、53歳です。複数の学習上の困難を抱えており、長く学びの場から遠ざかっていました。本学では、入学の相談に伺ったときから、様々な配慮をいただいております。本当にありがとうございます。おかげで、なんとか本科生にもなれました。

　いよいよ、この夏から楽しみにしていたデザイン美術学科のスクーリングが始まります。せっかくいただいた学びのチャンスを生かしていきたいと考えていますが、そのためにはいくつかご容赦いただきたいことがあります。

○ディスレクシアという困難について

　自分には、「重篤なディスレクシア」という診断が出ています。大阪LDセンターの竹田契一先生にも検査をしていただきました。知的な遅れはありませんが、「読み・書き」については、小学校低学年程度と言われています。ただし、これは「紙媒体のみで考えたとき」です。「話すこと・聞くこと」には困難はありません。ですので、講義を聞いて理解したり、質問を聞いて考えたりということはできます。パソコンや携帯を使うことで、文章を書くこともできます。

　難しいのは、

　「テキストやプリントから情報を得ること」

　「メモを取ったり、その場で手書きで文字を書いたりして答えること」

　の2つです。

これまで、テストは、パソコンの使用を認めていただいていますし、レポートは時間があるので調べながら読み進めたり、同じテーマの動画を探して参照したりしながら取り組んできました。

　自分が他の人たちと同様に学ぼうと思うと、メガネのように「手だて」が必要です。現在、自分にとっての学ぶためのメガネは、タブレットや携帯です。これらがあって初めて、私は学ぶためのスタートラインに立てています。どうか、スクーリングの授業の際にも、こうした機器の使用をご許可いただきたいです。

　具体的には、以下のような使い方を想定しています。

① メモや視写が困難なので、板書等を写真に撮らせてほしい
　　→撮影したものは自分の学習のためのみに使用し、転載等は絶対にしません

② テキストやプリントは、見ただけでは読めないものも多いため、OCRで読み込み音声化するために、タブレットや携帯での撮影を許可してほしい
　　→他の方の迷惑にならないよう、イヤホーンも持ち込みます

③ 小テストや感想の提出など、「書く」課題の際は、携帯で文章を作らせてほしい
　　→文字を書こうとすると、音との一致がとても困難なため、書きたい内容が分からなくなってしまいます。現在、携帯のフリック機能を使って日常的に文章を書いていますので、それを使わせていただきたいです。指定されたアドレスに送る、その場で先生に見ていただくなど、提出・確認の方法は、ご指示いただければそれに従います。

〇 ADHDという困難について

　ディスレクシアだけでなく、自分にはADHDもあり、服薬もしています。医療とのつながりができたことで、日常は以前より暮らしやすく

なりましたが、それでもなかなか改善しないものの1つに、聴覚の過敏さがあります。

　ざわざわとした場所にいると、とても集中力が下がってしまったり、時には体調不良を起こしてしまったりすることがあります。今は、とても静かな田舎暮らしなので、何とかなっていますが、たまに街に出るときは、ノイズキャンセラーのついたイヤホーンをつけて対応しています。

　できるだけ裸耳で先生のお話をしっかり聞きたいと思いますが、以下の点について、ご許可いただければと思います。

　④製作に入った際などは、ノイズキャンセラー付きのイヤホーンの使用を許可してほしい

　長く、自分の困難を知らず、学びの場から遠ざかっていました。入学前、ご相談に行った際、「そうした配慮があれば学べるというのであれば、検討します」と言っていただいたときには、涙が出そうでした。長年あこがれたデザインの学習ができることも、心から楽しみです。

　障害者差別解消法も施行されました。上記は、私にとって「学ぶ前提」であることをご理解いただき、ご許可いただければ幸いです。

　①から④までのお願いは、他の生徒さんから見ると奇異に見えたり、不公平に感じられることもあるかもしれません。

　私は自身の困難を公表していますので、授業に入る前に、私の困難や、そのため車いすや補聴器と同様にこうした機器の使用が必要である旨、他の生徒さんにお話いただければ、大変ありがたいです。必要がありましたら、自分から補足の説明もいたします。

　お手数をおかけしますが、本大学の学生の1人として、学ぶチャンスをいただきますよう、どうぞよろしくお願いいたします。

8 スクーリング体験

　日常は自宅で1人で勉強している自分にとって、スクーリングは貴重な「学生生活」の時間だ。仕事の予定もあけて、どっぷり大学生活にひたる日々。実技教科が目白押しで「これだよ。これが楽しみだったんだ」という期待でいっぱいだった。

　とはいえ、授業にまともに参加するのは、もしかしたら40年ぶりかもしれないという現実から「大丈夫か、オレ」という思いもぬぐえなかった。

　期待と不安でスタートしたスクーリングだったが、どうやら不安だったのは自分だけではなかったらしい。

　「どの先生も、井上さんのことを、『謎だ』『読み書きができないって聞いてるけど、話してみても、まったく分からない』と言ってたよ」と、授業のアシスタントをしてくれていた先輩に聞いたのは卒業間際だった。

　提出した文書は、授業を担当する先生方だけでなく、アシスタントに入る人たちにも共有されたようだったが、当時、反応は一様に薄かったそうだ。おそらく、初めて聞くディスレクシアという言葉に、どんな生徒が来るのかと戸惑っていたんだろう。「よく分からないけど、何か気を付けてあげなくてはいけない学生が来るらしい」という緊張感が先生方にもあったようだった。

　後日、「井上さんが普通の人でほっとした」と声をかけてくれた先生もいた。いったいどんな想像をしていたんだろう。

　「読めない、書けないけど理解はできます」と言われても、それがいったいどんな姿なのかのイメージは湧かないという先生たちも、「書けない」と「読めない」に支援が必要だということは理解してくれていたよ

うで、プリントを読む場面になると「大丈夫？ 読みましょうか？」と声をかけてくれたし、メモを取る場面になると、さっとアシスタントの先輩が横に来てメモを取って渡してくれた。
　機器の使用も、まったく制限はかからなかった。というか自分だけではなく他の学生たちも普通に端末を使っていた。
　「メモとれ！ メモとれ！」と毎回大声で言う先生に「先生、オレ書けへんから録音していい？」と聞くと、「おう、それもメモや。かまへん！」と即答された。

　そうか、ここは学ぶ場なんだ。だれもが「学びたい」と思ってここにいるんだ。ゲームしてる暇も、メールしてる隙もない。端末は単なる「便利な筆記具」なんだ。オレにとっても、みんなにとっても。だから何も遠慮しなくていいんだ。そう思うと自然に笑顔が込み上げた。

　「他の子が使っていないから」「授業中、関係ないことをしては困るから」と言ってる先生たちに見せてやりたい。そんな心配、ここには何もないよと言いたい。もちろん、年齢や判断力の違いはあるだろう、でも、障害の有無にかかわらず、だれでもが必要に応じて使える状況だったら、同じ姿が小学校でも中学校でも見られるんじゃないかなと思った。

　「ディスレクシアについては、今回初めて知りました。でも、過去に同じような配慮を申し出た学生はいました。きっと井上さんと同じだったんでしょうね。自分にできる方法があれば使えばいいんです。大事なのは、『ここで何を学ぶか』なんですから」と話してくれた先生もいた。
　公式にはオレがファーストケースだが、やはり、今までも自分のようなケースはあったんだ。そして、ディスレクシアなんて知らなくても、この先生は「大事なのはここで何を学ぶかで、方法は選べばいい」と言ってくれるんだ。

ああ、やっぱり、ここに来てよかった。この大学の学生になれてよかった。

　他の学生にはオレから機会を見つけては、「ディスレクシアっていって、読み書きに障害があるんよ。読めないことも書けないこともないけど、すごく遅くて、分からなくなってしまうんで、授業中は手を貸してもらっているんよ」と話した。
　周囲の学生の反応は「へー、そうなんですね」と、いたって淡泊だった。でも、グループで話し合ったりまとめたりするときは、何も言わなくても代わりに書いてくれたり、自然に手を貸してくれた。
　それは「困っているなら手伝うよ」という、本当にシンプルな行動だった。「かわいそうだからやってあげなくては」という、変な同情もない、いたって「普通」の行動。だからこっちも「おっ、サンキュー」と笑顔で返せた。

　自分の遠い記憶にある「授業」は、できないことがあると、担任にため息をつかれ、周囲にくすくす笑われる「恥をかくための時間」だった。
　なんでこんなに違うんだ。これが「理解」の力なのかもな。自分が困っていることを「知ってもらっている」ことの心地よさなのかもな。「困っているけどこうしたらできるんだ」が共有されている心強さなのかもな。

　子どものときだって、サトルが困っていることなんて、みんな見て分かったはずだ。でも、そこには「また怠けてる」とか「ちゃんとやってこないからこんなこともできないんだ」という「オマエノセイ」という視線があった。
　周囲の子どもたちだけじゃない、教室の王様である先生からは、もっと強烈な「オマエノセイ」光線が出てた。そこが今と大きく違う。

戸惑いながらも「ここで何を学ぶか」を最優先に考えてくれる先生たち、ごく自然に手を貸してくれる同級生たち。そして、ずっと勉強したかった、たくさんの表現の形‼

　学んで、表現して、評価を受けて、質問して、修正して、分からないことがあっても教えてくれる人がいる。意見を出し合いながら、一緒に探っていく仲間がいる。通信で１人で課題に向かっているときとは全然違う喜びがそこにはあった。

　スクーリングは、たまらないくらい贅沢な時間だった。勉強するって楽しい‼ 学校って楽しい‼

　３週間、ほぼ休みなしという強行日程でも！１泊3500円の安いホテルから、うだるような暑さの中、毎日片道１時間半かけて満員電車で通う日々でも！毎日出される課題の嵐でアップアップしていても！ 思い出されるのは、「明日が楽しみでたまらない」日々。

　50歳を過ぎてからの「学生生活」は間違いなく幸せだった。

9 同級生との時間

　初めて「同級生」と交流したのは、まだ特修生のころだった。総合教育科目、スポーツ研究の実習。要するに体育実技。それも３日間‼

　子どものころなら、「１日中体育‼ ひゃっほう‼」だったろうけど、何分今のオレは50代のオッチャンだ。自慢だった柔軟性も、頭でイメージしたままに動けた体も今は昔。「昔できた」人ほど怪我しやすいっていうし、実際、酔っ払って「バク宙くらいまだできる」とクルッと回って着地失敗して捻挫した前科もある身、気を付けなくては。安全第一。

　フリスビードッジにバドミントン、バレーに卓球と、いやあ、走った走った。仕事以外でこんなに汗をかいたのなんて、いったい何年振りだろうと思うほど。

そして、やはりオッチャンの体力は若者にはかなわなくて、ギブアップしそうになることもしばしばだった。オレと同世代の何人かは、さすがに全部動き続けることはきつくて、審判に回っていた。

イマドキの若者たちもひーひー言いながら走っていたが、審判に回るオッチャンたちに「ずるーい」とは誰も言わない。むしろ、頭から湯気を出して駆け回っていると、「大丈夫ですか？　審判されませんか？」とあっちから声をかけてくれる。

学生とはいえ、みんな大人なんやなあ。大人の集まり。「みんな同じことをしないとずるい」じゃない感じが心地いい。

ランチは学食‼ 若者向けのがっつり飯を、老いも若きも一緒に食べる。だって、みんな同じ学生！ 食べ終わったらすぐにスマホに向かうのは、さすがにイマドキだけど、食べながら、「午前中でへたばったー」「午後マジ無理だし」と笑いながら話すのは楽しかった。だってみんな同じ気持ちなんだもの。共感しまくりで話は弾んだ。

現場で働いていた10代のころ、眺めることしかできなかった「あっち側」に、今俺はいるんだなあと思うと、何とも言えない気持ちになった。

本格的な交流がスタートしたのは、やっぱり正科生になって専門教育科目のスクーリングが始まってからだ。通信じゃない短大の学

生たちもいたスポーツ研究と違って、こっちはやはり平均年齢高め。
　でも、さすが芸術大学、みんなものすごく絵が上手だった。絵なんてほとんど描いたことがないオレは、けっこう肩身が狭かった。でも、だれも馬鹿にしない。アイディアスケッチで描いたとんでもなくへたくそな絵を、「これいいよ！めっちゃ味がある！このまま使ったらいいポスターになるよ！」と言ってくれる子もいた。

　そうか「上手、下手」じゃなくて「表現」やねんなあ。「表現」のために、技術を学ぶんやもんなあ。そんなことをぼんやり考えたりもした。

　まる1日頑張って作ったデータを、うっかり保存し忘れて消しちゃったときは、目の前が真っ暗になった。それでも次の日なんとかみんなに追いつけたのは、同級生に「その道のプロ」がいたから。自分の課題もあるのに、オレのリカバリー作業に、付きっきりで手を貸してくれた。野田さん、あのときはありがとう！ご恩は一生忘れません！

　大人な大学生なので飲み会もあった。いろんな年齢の同級生。ここに来た理由も様々だった。
　授業の話、先生の話で盛り上がり、時には、家族の話、人生の話になることもあった。しがらみもない、利害関係もない、ただの同級生。なんて居心地がいいんだろう。話題は尽きなかった。

　これだけは、どうしても言っときたい。オレ、スクーリングでは超優等生！不注意がすぎて、うっかり1日分のデータを消しちゃうなんてすっとこどっこいもしたけど、ほとんどの授業では、オレは課題を先に終えて、まだの子に教える役割だった。
　「井上さん、ここどうやるの？」そう声が上がると「どれどれ」と飛んでいく。特に一眼レフを使う授業は、あっちからもこっちからも声が

かかった。

　「教える」ためには、自分が分かっていないといけない。「教える」ことでもっと分かる部分もあった。

　オレがみんなに「教える」日が来るなんて、ホントにびっくり。自分のことを正しく知って、方法が持てていたら、周囲からも正しく理解してもらえていたら、チビのサトルも「優等生」だったのかな。「だれよりもダメな自分」を抱えていたころを思い出しながら、そんな叶わぬ夢も浮かんだ。

　オレも、年齢はともかく「イマドキの学生」、みんなとラインを交換して、情報交換のグループにも参加した。

　レポートの課題が難しいと愚痴が飛びかい、「これが参考になるよ」と情報が行きかう。それぞれが自宅に帰ってからも日常的にやり取りは続いていた。

　オレはというと、全部の話題にはついていけてなかったが、スタンプを返したり、時には返信したりして、ぼちぼち参加していた。

　でも、そんなのんびりしていられなくなったのがスクーリングの課題提出が立て込んできたあたりだ。

　スクーリングは本当に楽しかったが、どの教科もたんまり課題が出た。中には１教科で８つなんて、鬼のような量のものもあった。手引きはあるけど、文字だけだから、具体的なことがわからない時もあったし、ちゃんとスクーリング中に先生が説明してくれたのに、帰宅してから日常に追われていたら忘れてしまった、なんてこともあった。

　「図学の課題の４がよく分かんなくて」とラインを送ると、「私、もう提出したよ。こんな感じ」と画像つきで説明が返ってくる。「表現研究の課題、これで大丈夫かな」と画像をアップすると、「大丈夫だよ。私のより全然いい」「十分、十分」と、励ましてくれる。「ヤバい、再提

出になった」と返ってきた作品をアップすると、「あっこれ、説明が書いてないからじゃない？ 図はすごくよく書けてるし」と教えてくれる。

　特に、卒業単位の認定ぎりぎりの時期になってくると、もう、神様、仏様、同級生ライングループの皆様という状態。

　そりゃあ、大学は通信の学生用に、先生に尋ねるシステムも作ってくれている。質問を送れば、答えてもらえる。
　でも、そうじゃなくて、この「ねえねえ、あれどうした？」という、同じ釜の飯を食ったというか、同じ釜でゆでられている同士の、ツーと言えばカーのやりとりが、めっちゃ心強かった。

　ああ、これが「学生の環境」ってやつか。1人で悶々(もんもん)と作品と向き合って煮詰まっていたことも、みんなでわいわい意見を出し合ってると「うん、それならいけそう」が見えてくる。
　自分の提出がなんとか間に合ったら、次はオレがだれかの「困った」に応える番だ。恩返しの気持ちも込めて、オレに分かることを書きこんでいく。

　「学校は、1人で学ぶ場所じゃない」妻の声が思い出される。うん。本当だ。そのとおりだったよ。
　1人じゃないから乗り越えられた。
　何より、1人じゃないから楽しかった。本当に楽しかった。

⑩ 好きな先生、嫌いな先生

　「スクーリングに行くと、好きな先生もできると思うし、嫌いな先生もいると思う。でも、どっちも学校生活の醍醐味(だいごみ)だよ」と、1か月の長旅に出かける前に妻が言ってた。

醍醐味って…。そんな、たった数日だし、そこまで先生と付き合うかなあ…と思いながら出かけたが、これが「確かにそのとおり」だった。
　大学生活については、妻は大先輩なのは確かだが、いちいち予想されたことが当たるのは若干ハラ立つ…。悔しいから「そんなことなかった」と言いたいのはやまやまなれど、実際この「先生」たちとの関係は、「学校に行きたいなあ」の原動力にもなった。

　思えば好きな先生って、小、中9年間で2人しかいなかった。

　小学校のときに、読み上げのテストをしてくれた設楽先生。設楽先生は、決してオレのことバカにしたりしなかった。できたことをほめて、知識を深める言葉をかけてくれた。読めないオレが教室で立ち尽くすことがなかったのは、設楽先生の時代だけだ。今思えば、オレが読む番になったときは、いつも小声で横で読んでくれた。オレは、先生の声を手がかりに、教科書を目で追いながら読んでいった。
　オレだけじゃない。他の子に対しても、うまく読めないときはそうしていた。「安心して過ごせた教室」だったのは先生のおかげだ。

　もう1人は中学の安原先生。陸上部の顧問で、オレの幅跳びの師匠だ。「遠くに飛ぶために」体のどこの筋肉をどう使えばいいのか、そのためにどこを鍛えなくてはいけないのか、それはどんな練習や日常生活で可能になるのか、明確に論理的に教えてくれた。身体を使って、たくさん思考する経験を積ませてくれた。グレて、とんでもない不良だったオレを心配し、高校を飛び出したときは探しにも来てくれた。「恩人」と言える人だ。

　他の先生は、オレを徹底的にあざ笑うかためいきをつくか、もしくは完全無視して透明人間として扱うかのどれかだった。責められた声やバ

カにされた言葉は忘れないが、顔も名前も忘れた。思い出したくもない。

　大学の先生たちはみんな紳士だった。
　専門教育科目の先生たちは、みんなその道の表現のプロでもある。まずはどの科目の先生も「すげぇぇぇ」という尊敬の念を感じさせられた。だから、厳しい先生の授業もめっちゃ面白かった。
　だって、プロから学べるんだ。こんな楽しいことってない。

　最初に出会ったのは版画の大舩光洋(おおふねみつひろ)先生だった。「以前にも井上さんと同じことを求めてきた学生がいたよ」と話してくれたのが大舩先生だ。
　先生に教えてもらったシルクスクリーンは面白かったし、講義で聞いたアンディ・ウォーホルの話にもワクワクさせられた。大学の授業ってこんなに面白いんだってことを教えてくれた。
　それだけじゃない。その後、大学に行くたび「大舩先生いるかな」と、先生の研究室を覗(のぞ)いた。先生に会いたかった。先生と話していると心地よかったんだ。
　「大事なのは、ここで『何を学ぶか』です」と言ってくれた大舩先生の顔を見て声を聞くと、うん、オレ頑張るよという気持ちがいつもわいてきた。
　たった３日の授業だったけど、先生がオレも含めて学生を大切にしてくれていることが分かったから、だから、学校に行くたびに会いたくなったんだと思う。
　オレだけじゃない、同じように感じる学生で大舩先生の研究室はいつも賑やかだった。

　強烈だったのは井上孝博(いのうえたかひろ)先生。特別演習で京都に現地集合でスケッチと水彩を教えてもらった。ものすごくいかつくて強面、声も大きくて、いかにも関西のおっちゃん的に口が悪いんだけど、めっちゃ面倒見がよ

かった。オレ、ものすごくかわいがってもらった。

「先生、オレ書けへんから録音していい?」と聞いたとき、「おう、それもメモや。かまへん!」と即答してくれたのが井上先生だ。

絵を描いた経験がないオレは、スケッチといっても何をどう描いていいのかわからない。井上先生は、「いいか、こう描くんや。よう見とけ!」と、実際に描いてみてくれた。これが、もう、さすがプロ!! ごっつい手から、繊細な線がさらさらと出てきて、あっという間に目の前の風景が切り取られていく。それは魔法を見ているようだった。「うわあ、すげぇ」と声が出そうだった。

「今見てる風景は、時間でどんどん変わってしまう。「今」描きたいものを描くには、速く描け」と言われる。もう、無我夢中。上手いとか下手とか考える前に必死で見てスケッチブックを埋めていった。

目の前で採点が始まる。ひぇー、と思ったが「ここがいい。ここはもっとこうや」と具体的に教えてくれる。もちろん、1回聞いただけでできるものではないけど、「なるほど」と「そうなんや」はいっぱい生まれた。

井上先生は、卒業まで事あるごとに気にかけてくれて、声もかけてくれた。「あのな、通信が一番しんどいねん。通信の学生は本当に頑張っとる」何度もそう言って励ましてもくれた。学校ですれちがうたびに、「頑張っとるか!!」と、腹の底からドスのきいた声ではっぱをかけてくれた。

「オレも今年度で終わり、退職や」と言ってた。ご退職おめでとうございます。オレ、先生が退職する前に出会えてよかったです。

卒業制作を担当してくれたのは保木本和夫先生。先生は、オレが丸1日分のデータを保存し忘れて消してしまうという、すっとこどっこいなことをした授業の先生でもあった。悪いのはミスをしたオレなのに、「あー、僕の説明の仕方が悪かったかなあ」と言って一切責められることもなかった。

授業で失敗→責められてあきれられる、という経験しかそれまでなかったから、「えっ、先生が自分を責めてはる」とびっくりした。

　授業のときは、とにかくどんどん進んでいくので、ついていくので必死だった。でも、ものすごい豪華なパソコンルームで、性能のイイMacを使って重いソフトがガンガン動くのはめっちゃ楽しかった。「何でもできるんじゃないか」と思うほど、いろんなことができるのを知って、ワクワクした。オレも自分のパソコンで画像や映像の加工はしてたけど、こんなにいろんなことができるなんて、やっぱり教わらないと分からない。新しい知識が入っていくのが楽しくてしょうがなかった。

　卒業制作の時、保木本先生は何度も「井上さん、議論しましょう」と言ってくれた。オレの中で、作りたいものはあったがぼんやりしていた。先生に「見てほしい対象は?」「何がどんなふうに伝わってほしいの?」と問われ、その答えを自分の中で探していく。そんなやりとりの中で「自分が表現したいもの」が固まっていった。

　大学の先生に「議論しましょう」なんて言ってもらえるとは、思いもしなかった。保木本先生は、オレの考えを大切にしながら引き出してくれた。

　そして、具体的な製作に入ったら、技術的な部分をたくさん指導してくれた。でも、そのときも「井上サトルの表現」を尊重してくれたのが分かる。オレが今まで作ってきた動画を、わざわざ見てくれて、「井上さんの作る動画にはスピード感がある」と言ってくれた。そして、その「スピード感」を「井上らしさ」として、卒業制作に生かせるようアドバイスしてもらった。保木本先生に教えてもらったところを直すと、確かにぐっとシャープになった。オレがぼんやりと考えていたものを形にできたのは先生のおかげだ。

　卒業式の日、「研究室に寄っていきなさい」と言ってもらえたのもうれしかった。保木本先生もご退職の年で、オレたちが最後の学生だった。先生の退職前に間に合って、オレ、めっちゃ幸運でした。

嫌いな先生も…。いたいた。1人いた。いや、さすがにこれについては詳細は書けないが、「えー」って感じに何度もなった。
　でも、「嫌いな先生」がいたことも、なんというか楽しかったんだ。子どものときは、設楽先生と安原先生以外の先生は、「嫌い」とかの枠には収まらないというか、思い出したくない存在だ。
　でも、大学で出会った「嫌いな先生」は、同級生と大いに盛り上がる話題の中心でもあった。「信じらんないよねー」「こんなこともあったよ」「マジで〜」と共感しまくりだった。
　そして、「嫌いな先生」の授業をどう乗り切るかで、同級生の結束は高まったのも確かだ。その先生には申し訳ないが、「あっ、…先生でしょ？」と何度も何度も話題に上がった。

　「学校って、好きな先生だけってことは、多分ないのよ。自分は好きだけどあの子は苦手って言ってたことも含めて、好きな先生との思い出もあれば、嫌いな先生との思い出もある。そんなもんだよ」妻の声がする。
　うん。確かにそうだった。たった数日しか授業を受けていなくても、すごく好きになった先生もいたし、逆に「うわー、苦手」という先生もいた。でも、多分どっちも忘れない。思い出しては話すんだろうな。学生にとっては、学生生活のかなり重要な要素。先生ってすごいなあ。

　先生がいて、同級生がいて、教えてもらって、話し合って、助け合って、愚痴り合って、学校っておもしろいとこやったんやなあ。

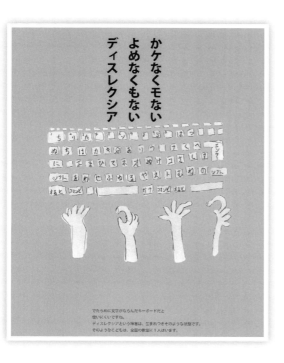

第3章
願いを込めた卒業制作

1 自分の一番表現したいこと

　卒業制作は正科生2年目の春、自分でテーマを考え、計画を作成するところからスタートした。先輩から、希望したものがそのまま通らないこともあると聞いた。しっかり「表現したいこと」が固まっていないと、先生たちからGOを出してもらえないとのことだった。

　入学する前は、卒業制作は写真でと思っていた。自分が一番打ち込んできたものだし、表現の仕方について、ずっと考えてきたものだったから。

　でも、専門教育科目を1年受けて、迷いが出てきた。版画も彫塑も夢中になるほど楽しかった。卒業したら簡単にはできなくなることだというのも予想できたし、せっかくだからもう少しやってみたいという気持ちもあった。

　予想外に高評価をもらったポスターのデザインは、ディスレクシアをテーマにしたものだった。ディスレクシアを知らない人にも、「えっ、それって？」と立ち止まってもらえるものが作りたかった。ラフスケッチで描いた落書きがそのまま採用されたのには焦ったけど、「これは井上さんにしかできない表現やね」と言われた。

　ある先生は、自作した木製のハンドスピナーを見て、「これ、図面から全部自分で作ったの？ すごいなあ。十分卒業制作になるよ」と言ってくれた。

　えっ、これでエエの？　仕事

の合間に、ちょっとした楽しみで作った木工作品。まあ、そこはオレもプロだから、きっちりイメージ通りの仕上がりにはなったけど。

　正直、「じゃあこれでいいや」とハンドスピナーを提出するのが一番負担がないのは明らかだった。でも、それは「ここで学んだこと」を生かすものではないし、何より、それではオレが納得できなかった。

　１年目の提出課題がまだ終わってなかったし、２年目の夏もぎっしりスケジュールが詰まったスクーリングでまた大量の課題が出るのは分かっていた。状況からは「卒業制作」の負担は軽い方がいいに決まってる。

　それでも、自分で自分の首を絞めると分かっていたけど、やっぱり１から作りたかった。

　だとしたら…。考えたとき、浮かんだのは、作りたいモノではなく、伝えたいモノだった。

　オレ、やっぱりディスレクシアについて知ってもらいたい。「講演」という形の啓発は自分には難しかったけれど、それでも「オレにしかできない」ことはあるんじゃないかという思いもぬぐえずにいた。

　そして、理解してもらえた大学生活は本当に楽しい。知ってもらえることの重要性を自分自身が痛いほど感じた。

　オレにしかできない表現で、ディスレクシアについて知ってもらえるものを作りたい。そう考えて「ディスレクシアについての啓発動画」の計画を作った。

　そこには、「見えない障害を、見える動画にすることで、社会の理解を広げるものを作りたい」と書いた。

　「動画は審査が厳しいよ」と聞いていた。実際、知っている学生の何人かは、動画の計画を提出したが通らず、計画を立て直していた。不安な気持ちで結果を待った。

　やっぱりだめだったのかなあと思ったころ、「井上さんの卒業制作の

担当は、保木本先生になりました」と連絡が来た。やったー!! 動画の先生や!!

　大学生活の集大成、「卒業制作」は、こうしてスタートを切った。

2　ラストは子どもの笑い声で

　ディスレクシアの啓発動画を作ると決めたとき、真っ先に浮かんだのは、「ラストは子どもたちの笑い声を流したい」ということだった。

　啓発活動を一生懸命やっていたころ、いろんなメディアの取材を受けた。中には、半年以上の長期間にわたって密着取材を受けたものもあった。関わったメディアの人は様々で、本当にオレの気持ちを大切にしてくれた人もいたけれど、中には、「どんなにつらかったか」ばかりを聞きたがる人も多かった。

　もちろん、ディスレクシアへの理解を広げていくためには、見えない障害だからこそ、当事者がどんなキズを抱えているのかは確かに重要なんだろう。それを伝えたいのも分かる。

　でも、そこばかりを強調されるのはやはりつらかった。立て続けにそんな質問ばかりされるときはどうしても気持ちがふさいだ。

　多分、オレが「今でも思い出すとつらそう」な「画像」が欲しかったんだろう。実際、いろんな思いが溢れて、思わず涙がにじんだことがあったが、番組ではその場面がかなり大きく取り上げられていた。

　オレは、「悲しい顔」や「苦しい顔」の何倍も笑顔で語ったのに、しんどかったときのことでなく「今できることがあるんだ」と知ってほしくて取材を受けているのに、必死に話したそんな場面の扱いは軽いものだった。

　もちろん、オレが話すより、ちゃんとした先生が正しく話してくれた

ほうが良い。それはオレもそう思うし分かってる。

　オレにできるのは、困難が大きくてつらい時期も長かったけど、今、こうして頑張れているということを見てもらうことだと思ってた。でも、そこはたいして必要じゃないらしい。

　50歳近いおっちゃんが、笑顔で一生懸命仕事している姿なんて、視聴者の興味を引けないと思われてるんじゃないかな。

　「見てくださった人に、分かりやすく伝えたいんです」何度も言われた。その「分かりやすく伝える」ために、オレのみじめな姿が必要だっていうことなのか？

　オレは「かわいそう」と言われるために、ずっと隠してきたことを公にしたんじゃない。メディアの取材を受けなくなったのにはそんな思いもあったんだ。

　だから、自分が「伝える側」に立ったとき、「かわいそう」を強調しなくても伝わるものが作りたいと思った。

　これを見たかつてのオレのような子どもたちが、今のオレのような大人たちが、つらいことを思い出して切なくなるのではなく、明るい気持ちになってほしいと願った。

　「ラストは絶対、子どもの笑い声で」には、ディスレクシアという状況

はつらいことも多いけど、ちゃんと解決方法はあって、今は自分らしく学んでいくことができるんだ、オレたちのこれからは明るいんだ！　そう感じてほしいという願いを込めた。

だったら、「そう伝わる」モノを作らなきゃいけない。
オレの泣き顔でしか「伝えられない」と言った、あの「プロ」に「そうじゃない」をつきつける、そんなものが作りたいと思った。

3　表現することは、自分を見つめること

それまで動画を作るときはいつも、大まかなイメージは持つけれど、細かな計画なんて立てたことはなかった。
とにかくいろいろ材料を集めて組み合わせて、入れ替えて、切ったり貼ったりしながら、自分のイメージに近づけていく、そんな感じで作ってた。
でも、卒業制作は、そんなわけにはいかない。夏の最初の授業までに、できるだけしっかり計画を作っていかなくてはと頭をひねった。

オレがこの動画で伝えたいことはシンプルだ。
「ディスレクシアという困難があっても、今は『方法』があるんだ！」
それが伝われば、当事者はあきらめないで前に進める、社会も「だったら使えばいい」と理解が広がる、そう思った。
じゃあそれを伝えるには何が必要か？　とりあえず思い付くままにパソコンで打ち込んでいく。
ディスレクシアについての説明があって、今はどんな「方法」があるのかの説明をして…。出来上がった計画はなんだか「説明」のオンパレードだった。

「分かってもらいたい気持ち」が空回りしてる感じ。

悩んでいたら、先生からスパッと指摘された。「だれを対象に考えてるの?」「井上さんの動画らしさがないよ」

そうだった。説明だらけ、文字だらけの動画を、オレみたいな当事者はきっと見ない。なぜならオレも見ないから。でも、まず知ってほしいのは「当事者」だ。

なぜ「動画」なのか。それは「感じてもらえる」ものだからだ。自分も動画だったら、新しい知識でも「感じる」ことができる。映像は、テキストではつかめなかったたくさんのイメージを提供してくれるんだ。

やっぱり、オレ、順番に考えるの苦手だわ。「必要なもの」を集めて、並べて、入れ替えて、全体像を作ってから細部を作りこんでいく。うん。いつものやり方でいこう。だってオレの表現なんだから。

動画の柱は専門家2人のコメント。これは、絶対外せない。正しいことを伝えたい。それには、正しいことを話してくださる方のコメントが一番説得力がある。そう思った。

ディスレクシアについては大阪医科大学LDセンターの竹田契一先生に、機器の活用についてはエデュアスの佐藤里美さんにコメントを取らせてほしいと依頼した。

妻には、「個人の動画に出てくださいって、そのお2人に頼んだの?」と目を丸くされた。オレだって、その2人が信じられないくらい雲の上の人だってことくらい知ってる。でも、オレは自分が一番信用している人にどうしてもコメントをもらいたかった。

卒業制作の動画は、後味悪く扉を閉じた啓発活動への「オレなりの答え」でもあるんだ。

うまく話せないし、会場の熱心でない先生の姿にまだ傷つくし、オレの姿を見た当事者を誤解させてしまうのもイヤで逃げ出した啓発活動だったけど、大学で学んでみて、理解がある環境のすばらしさを実感した。あらためて「知ってもらう」ことの重要さをかみしめた。「やっぱり、あきらめたくない」そう思った。

　そして、オレにできる「知ってもらう」ための活動が、この「動画」なんだといきついたんだ。だから、どうしても竹田先生と佐藤さんのコメントが欲しかった。
　妻の心配をよそに、お２人は快諾してくださった。ほら見ろ、大物は器が違うんだって‼ 竹田先生なんて、この撮影のためだけに、梅田まで足を運んでくれたんだ。ただただ、ありがたかった。

　いくつか用意した質問に答えていただく姿を動画に収めていく。大都会の高層ビルの22階、近未来的な背景と明るい光を背に、佐藤さんは明瞭にかっこよく、竹田先生は穏やかに包み込むように語ってくださった。
　ファインダーを覗きながら泣きそうになった。お２人の話は、どちらも「オレが言ってほしかった言葉」そのものだった。
　ディスレクシアを「かわいそう」とみるのではなく、「方法を持って学ぶ」ことで未来が開くと教えてくれた。

　なかでも、竹田先生の「Learning Difference、学び方が違うんです」という言葉が胸を打った。

　ディスレクシアだと分かったころ、「LD＝学習障害」という言葉が大嫌いだった。だって「学習の障害」って、「頭が悪い」って言われているようで、みじめでたまらなかったんだ。

そりゃあ、学習にたくさん支障が出る。でも、どうしてもこの言葉は、受け入れられなかった。でも、LDが「Learning Difference」なら、心から「そのとおり!!」と言える。みんなと同じ方法では学びにくいことだって、引き目に感じなくていいと思える。

　だって「Learning Difference」学び方が違うんだ。オレたちはオレたちの学び方で学んでいいんだよ。というか、そうでないと学べないんだよ。

　動画の締めくくりは子どもの笑い声と「Learning Difference」で決まりだ！自分の学び方が認められた子どもたちが、明るく笑っている。そんなイメージが固まった。

　撮影から戻って、竹田先生と佐藤さんのコメントを何度も何度も聞き返した。すべてが大切な話ばかり。本音は全部そのまま流したかったけど、それでは動画が長すぎてしまう。
　「見る人は10分でも20分でも見ると思うから、長くなっても気にしなくていいよ」と言ってくれる先生もあったが、そこは「オレの動画」としてのこだわりもある。
　動画って、特に「入口」として投げかけたいモノって、「5分まで」と思ってる。なんで5分かと言われるとうまく言えないけど、「おっ？」と思って「きゅっ」って集中するのって、まずはこのくらいかなって自分の感覚。なので、卒業制作も5分程度にはまとめたかった。
　ディスレクシアという言葉を、初めて聞く人もいるわけで、そうなると「ディスレクシアとは」から子どもたちの笑い声までを5分でということになる。

　これって結構大変な作業。でも、だから「動画」の意義がある。文章

だと、超大作になりそうな内容でも、音と画像と映像と、一場面にいくつもの意味を持たせることができる「動画」なら、短い時間で「ガツン」と印象に残るものが作れるはずだ。いや、そんなものを作りたい。作るんだ‼

　竹田先生も、佐藤さんも、すごく大切なことをいくつも話してくださっていた。それを1つひとつのブロックに切り出していき、並べながら動画の流れができていった。

　「ディスレクシア」の説明部分は、竹田先生のコメントから始めて、オレの言葉と体験を映像にしていった。「読めるけど読めない」「書けるけど書けない」そんな状況を、短い話し言葉をテキストにしたものと、たくさんの具体的な場面の映像を重ねることで表現した。
　そして、どうしても入れたかった「識字率99％の日本、僕らはどっちなんだ」という問いかけ。きっと99％にカウントされているんだろう。まったく読めないわけでも、まったく書けないわけでもないんだから。
　でも、日本は「読めて書けること」が当たり前の社会。すべてはそれを前提に進んでいく。その中で、オレたちはその前提に立てずにいたんだ。
　それをICTは救ってくれる。「方法」はあるんだ！

　どんどんイメージがつながっていく。テキストは最小限に、見て感じてもらえる映像を、時に強調しながら時にたたみかけるように、つないで重ねていった。
　「Learning Difference」につながるように、「Learning Difference」をワクワクしながら感じてもらえるように。

　ああ、オレは、これが言いたかったんだ。これを知ってほしかったんだ。

編集作業に没頭しながら何度も何度もうなずいていた。

4 協力の輪に支えられて

　柱となるコメントを下さった竹田先生と佐藤さん以外にも、この動画を完成させるためにはたくさんの人が力を貸してくれた。

　お2人のコメント以外、音声は極力入れずにテンポ良く見せていきたかった。そうなると、重要なのが「音楽」だ。
　自分にとって「音楽」は、いつもとても大切なものだった。邦楽、洋楽、なんでも聞いた。「歌詞が分からないから、洋楽は苦手」という人もいるが、オレは、邦楽だって、早口で歌われたら、歌詞なんて入ってこない。
　オレにとって大事なのはリズムとメロディー。難しい現場でも、高所の作業でも、音楽は「いま大事なこと」に集中する自分を後押ししてくれた。
　だから、オレの作る動画には、必ず「音楽」がある。ゆったりと見せたいもの、テンポよく伝えたいもの、その時々に合わせて、合う音源を探した。「どんな音楽を使うのか」がオレの大事なメッセージでもあった。

　今回は、どうしても「明るい未来」を示して終わりたい。不安を膨らますのではなく、ワクワクを伝えたい。子どもたちの笑い声につながるエンディングに向けて、そんな曲を流したい。願いははっきりしていたが、いざ探してみても、自分の思いにしっくりくるものを見つけられずにいた。

　そんなとき、「この曲はどう？」と妻が聞かせてくれたのが、「魔法のプロジェクトチャンネル」を開いたときに流れてくる曲だった。
　ポップで明るくて、ワクワクするメロディと、何よりも楽しく弾む音

は、子どもたちの笑い声のイメージに重なる。聞いているだけで思わず笑顔になる曲。「これいい！ こんなの探してたんだよ！」というと、「これ、長野の青木高光先生が作った曲だよ」と妻。

　マジか!!
　自分が知ってる中でも、最高にすごい先生で、機械にもめっちゃ詳しくて、プログラムもかけて、話もうまくて、文章もうまくて、ユーモアがあって、絵もかけて…。
　おまけに曲作れるの? 何それ、スーパーマンなの?
　でも、大好きな青木先生の曲を使わせてもらえるなら、こんなにうれしいことはない。お願いを送ると、青木先生は即、快諾してくださった!

　「この曲に向って」「この曲にのせて」画面を編集しながら、たたみかけていく。

　「こんな方法もある」「あんな方法もある」「あきらめなくていいんだよ」「これがオレたちの学び方なんだ」当事者たちに呼びかけた。

　「こうすれば学べる」「これが必要」「学んでいくための、社会で生きていくための前提なんだ」「メガネと同じなんだ」社会に訴えた。

　オレが一番言いたかったことは、ずっとこの曲と一緒だった。いったい、何百回聞いただろう。聞くたびに、パワーがわいてくる。青木先生、ステキな曲を本当にありがとうございました!!

　見えない障害を「見せる」には具体的な「場面」が必要だ。困っていた場面は、いくらだってある。銀行で、役所で、病院で、およそ「窓口」と言われる場所には、ろくな思い出がない。自分の住所を書きまちがえ

る大人がいたら、それは、「怪しい人」なんだ。じろじろ見られたり、何度も確認されたり。

まあ、「この人もしかして読み書きができないのかな？」とは、まず思われないけどね。ほとんどは「詐欺？ なりすまし？」的な疑いの目。

でも、「そうじゃなくて本人」と分かると、次は「えっ、自分の住所書けないの？ この人大丈夫？」となる。

もちろん、直接言われたわけじゃない。でも、そんな視線にオレは敏感なんだ。

たくさんの窓口、何をするにも書かなくてはいけない、だれもそれに困難を感じていない、疑問も感じていない、識字率99％の日本で生きる時のハードル。とにかく、たくさん、そういう場面やずらりと並んだ書かなきゃいけない用紙がとりたかった。

役場に、郵便局、飛び込みで交渉した。オレが何を伝えたいのか、どんな場面を撮りたいのかを話すと、どこでも快く撮影に応じてくれた。

協力の輪は、まだまだ広がる。

すらすら書ける普通の人の姿、文字が出てこなくて困っているオレたちの姿、いろんな方法を駆使して、読むも書くも克服できるんだという部分。このあたりの画像を撮るには出演者が必要だった。

カメラを握っている自分は出演できない。困っていると、コメント撮影の時に音声を別撮りしてくれた。日置晋平先生と藤原一秀さんが協力してくれた。2人とも、ディスレクシアについてもよく知っている支援者だ。なので「こんな感じ」「こんな場面が撮りたい」というとすぐに再現してくれた。

すごいなあ、めっちゃ自然。カメラを覗きながら感激した。オレだったら、「こうやって」って言われたら、めっちゃガッチガチになったと思う。

日置先生、藤原さん、マジ、サンキュー！

　子どもたちが実際に機器を使っている手元や、念願の笑い声は、読み書きの困難があって、日常的に学習に機器を使っている子どもたち、協力してくれた。
　もちろん顔は映さないけれど、子どものときのオレが同じことを頼まれたら、きっと逃げ出したと思う。
　でも、彼らは、保護者の方も含めて快く協力してくれた。
　撮影を始めて理由はすぐ分かった。彼らは、自分の学び方に自信を持っていた。「これがあれば力が発揮できる」ことを示すことに抵抗がなかった。
　そして、どの子も、びっくりするくらい賢かった。「方法」を武器に、学びを重ねてきたことで確かな力をつけていた。

　ああ、これだ。この姿が当たり前になってほしい。そう思って、オレは動画を作っているんだ。みんな、めっちゃカッコいいぞ！
　オレもあの中にいたかったなあ。本当にうらやましい。ファインダーを覗きながら胸がいっぱいになった。

　出演してくれたみんな、本当にありがとう。みんなの姿が日本中のどの教室でも当たり前になるように、オッちゃん頑張るよ！

　学習場面で、実際にどんなものをどんなふうに使っているのかの情報は、現在進行形で学校の先生をしている妻から得た。

　読めない子どもが使っている機器やアプリ、書けない子どもが使っている機器やアプリ、厳密にいえば、1人ひとりに合わせての調整が大事だし、組み合わせ方も違うと教えてくれた。

ここは結構悩みどころだった。
　たくさんの「方法」を紹介したい気持ちはある。でも、それだと間延びしてしまう。何より、こうした機器やアプリの情報は、日進月歩で変わるものだ。何年かたって見返した時「使えない情報」が並んでいる状態にはしたくない。
　悩んで、悩んで、
・読めなくても、簡単に音に変えられる
・書けなくても、簡単に入力できることが一目で伝わるものに絞った。
　大事なのは「『方法』がある」と知ってもらうこと。「えっ、そんなことできるの？」と、動き出すきっかけを感じてもらうことだと割り切った。

　実態を知りもしないで「奥さんが先生で良かったね」と言うヤツらには、心底むかつくけど、(日常は、圧倒的に妻の方に手がかかる。オレは結構苦労してる)今回ばかりは、お前が先生で本当に助かったよ。

　たくさんの人の協力に支えられて、材料がどんどんそろっていく。

　青木先生の曲を聞きながら、切り取って、つなげて、並べ替えて、オレの動画は次第に形になっていった。

　そこからは、大学の保木本先生に、言葉に尽くせないほど、お世話になった。なんたってオレは学校にすぐに行けない通信生だ。指導の多くは遠隔だった。
　試行錯誤して、「こんな感じでどうかな」と思うと、とりあえずGoogleドライブにアップして先生と共有した。
　保木本先生は、ものすごく忙しいのに、本当にすぐに返信をくれた。「…秒のとこのスワイプはいりますか？」「…のシーンにもイラストを入れてみては？」細やかな先生からの指導を反映させるたに動画の完成度

がぐっと上がっていくのが分かった。

「芸術大学ってすごい‼」プロの先生に指導が受けられる醍醐味を感じながら、「これでどうでしょう」と送り続けた。最終的にテイク80は超えていたと思う。卒業制作の提出期限ぎりぎりまで先生は指導をしてくれた。

そして、出来上がった動画を見て「本当に良くなりました。伝わりますよ」と言ってくれた。先生のその言葉が泣きたいくらいうれしかった。

相談できて、教えてもらえて、ほめてもらって、オレ、本当に学校に行って良かった。
保木本先生は、まぎれもなく「恩師」です。本当にありがとうございました。

たくさんの人の力を借りながら、オレの卒業制作動画「ディスレクシア「Dyslexia」」は、完成した。
　5分4秒この時間に、思いをぎゅっと詰め込んだ。
　https://www.youtube.com/watch?v=71OlOucLt9A

5 学長賞がくれた自信

動画を提出したときは、「ああ、終わった」とそれだけだった。ホントに燃え尽きた感じ。
　この半年、他の課題も、仕事ももちろんあったんだけど、頭の中はずっと動画のことでいっぱいだった。どうすれば思いが伝わる表現になるのか考えて、修正しての繰り返しだった。
　よく漫画に、「こんなんじゃだめだ‼」と、原稿用紙をくしゃくしゃ

に丸めて捨てる作家の姿が出てくるが、気分はあんな感じ。「うーん、違う。こうじゃない」と頭をかきむしる。

　素材はそろった。たくさんの人の力を借りて、欲しい材料はみんなある状態。でも、それを並べるだけじゃダメなんだ。「伝わるもの」にしなくては。だって、それが「オレが作りたいもの」なんだから。
　知ってもらうことで、当事者には希望を感じてほしい。社会にはオレたちの学び方を認めてほしい。
　これがオレの啓発の形。苦しんできた分だけ願いは真剣なんだ。

　仕上がった5分4秒の中には、チビのサトルの、不良のサトルの、社長のサトルの、運ちゃんのサトルの、今の自分の、思いが全部詰まっている。
　保木本先生の「つたわりますよ」が泣きたいくらいにうれしかったのは、動画に込めた自分の人生を受け止めてもらったと感じたからかもしれない。

　自分の精一杯がつまった動画を仕上げられたこと、正直、それだけで十分うれしかった。
　もちろん、「これで卒業できる」という喜びもあったが、大変だったけど、楽しかった学生生活がもう終わりなんだと思うと寂しくもあった。

　卒業制作の最終日は、通信で製作を続けてきた学生が集合して、お互いの作品を鑑賞した。圧巻の油絵の大作あり、細部にまでこだわった緻密な作品あり、光を利用した表現や、あっと驚く仕掛けが隠れている作品もあった。1つひとつ、どれもすごかった。
　この日集まっていたのは、通信の学生だけ。みんな、様々な環境の中で、遠隔で指導を受けながら、この日を迎えていた。

「すげぇ…」しか、声が出ない。オレが自分の精一杯を込めたように、みんなも、それぞれの精いっぱいを込めてここにいるんだ。そう思うと胸が熱くなった。

　オレの動画を写すモニターの前に、座り込んでいた２人の学生が、「ああ、そういうことか」「いたいた。オレのクラスにも」と話していた。
　その後、彼らはオレに話しかけてきた。「めっちゃしっかりしているのに、読んだり書いたりできなくて、なんでかなあって思ってたんです」「ラインだといくらでも書いてくるのに、プリントとかいっつも白紙だったんだよね」「困ってたんだなあって、今分かりました」

　彼らは、オレの動画の向こうに「だれか」の姿を見たんだろう。「ああ、分かってもらえた」そう思った。
　「その子」はきっと、オレのように困っていたはずだ。彼らは、その子の姿を不思議な気持ちで見ていたかもしれない。当時は「何でだろう」で、終わっていたんだろう。でも、きっと、ここからは「困っているんだな」と気付けるはずだ。そして、彼らが自分の「方法」を使うことを「当たり前だよね」と受け入れてくれるはずだ。
　そうであってほしいという願いも込めて、「だれの周りにも、必ずいたはずなんですよ。これからもどこかで、出会うと思いますよ」と応えた。

　たくさんの作品に込められた思いが、会場に満ちあふれていた。そこにいるだけでエネルギーをもらえる、そんな場所だった。
　鑑賞会のあとは、２月にある作品展の説明を聞いた。みんな遠方だから、いつ、どうやって搬入するのか、搬出するのかなど、細かな説明があった。
　自分の作品は動画だから、モニターを運ばなくてはいけない。そんな相談をしに保木本先生の研究室に向かった。

オレの顔を見るなり、保木本先生はにっこり笑って、こう切り出した。
「井上さん、一番いい賞に入ったよ！学長賞！作品展では、別室展示だからね。卒業式も、楽しみにしててね。」
マジで!! 目の玉が飛び出そうになった。
もともと、卒業制作については、審査があって、賞が決まるとは聞いていた。でも、何かの賞をねらおうとか、そんな余裕は自分にはなかったし、鑑賞会で、みんなのすごい作品を見ていたので、自分の動画が賞に入るなんて思いもしなかった。

作りたかったものが作れただけで、それを見てくれた人にオレの思いが届くだけで本当に幸せだったのに、このうえ、もっとご褒美があるというの？　あんなすごい作品の中で、オレの作品を選んでくれたの？
ああ、うれしい。本当にうれしい。
中学のころ、陸上で数えきれないくらい賞状をもらった。もちろん、あれだってオレの勲章だ。でも、今回は、今回の入賞は全然ちがう。

何十年もオレを苦しめてきたディスレクシア。いろんな可能性を奪われてきた。憎んだことがないと言えばウソになる。みんなみたいに普通に読み書きできたらと、考えても仕方のない「もしも」を妄想して、眠れない日もあった。知って、受け入れて、啓発活動を始めてからも、みじめさは消えることがなかった。カミングアウトしたことで、いい大人になってから、また差別されることだってあった。

それなのに、50代で進んだ大学で、「一番表現したいモノ」はと考えたとき、浮かんだのは、やっぱり「ディスレクシア」だった。
きっとそれは、「オレの人生」そのものだからなのかもしれない。ディスレクシアと一緒に、オレは生きてきたんだ。そしてこれからも、ディスレクシアと一緒に生きていく。でも、そこにはもう悲壮感はないんだ。

Learning Difference　学び方が違う

　ただ、それだけなんだと今は胸を張れる。エンディングの子どもたちの笑い声は、チビのサトルの笑い声でもある。やっと、あのころの自分を解放してやれる。

　それがこの動画なんだ。これを評価してもらうということは、オレの生き方を後押ししてもらうことそのものなんだ。

　ああ、これで良かったんだ。これでいいんだ。大好きな大学で、「オレ」を認めてもらえた。芸術のプロの集団である先生たちに認めてもらえた。それは何よりも大きな自信になった。

　おめでとうの声を聞いたような気もするけど、定かじゃない。

　「やったー!!」思わず出たのは、その一言だった。

　学校からの帰り道、高速バス乗り場に向かう電車の中で、思い出しては、口元が緩んだ。「学長賞だよ」繰り返し胸の中でつぶやいた。

きっと、危ないおっさんに見えただろうなあ。でも勘弁してや。こんなこと、人生に何度もないんやから。

　２月の卒展は、想像以上の規模だった。通学している学生も合同での作品展だから出展作品数もすごくて、体育館に所狭しとパネルがたてられていた。
　入賞者だけは別室に作品が展示されていた。特別な場所。
　入ってすぐのところに、モニターと「ディスレクシア」のポスターパネルが置かれていた。その横には「学長賞」の札がかかっていた。

　特修生でスタートして３年。締めくくりの卒展で、もらった「学長賞」は、オレの今までを称え、これからを照らしてくれていた。

6 「スペルが違います」に負けない

　５分４秒の動画は、学校の許可を得て公開した。
　泣いてるオッちゃんもかわいそうな子どもも出てこないけど、分かりやすいみじめなエピソードもないけど、知って胸を張り、知って受け止める、ことにつながるものが、自分なりにできたと思う。

　すぐにたくさんの人がアクセスしてくれて、いろんな感想を寄せてくれた。
　もちろん、いろんな意見があっていい。オレの思いだけが正義ではない。これを見たことが、どんな形であれ、その人の「ディスレクシア」への理解へつながってくれれば、こんなにうれしいことはない。この気持ちにウソはない。

でも、どうしても受け入れられない書き込みがあった。それは、動画に出てくる「Learning Difference」のスペルが違うという指摘だった。
　日本語のひらがなや漢字でさえ、似た形は混乱する自分にとって、よく似た形が並ぶ英語は、当然鬼門だ。竹田先生の言葉からこれを取り出して、画面に映し出すために打ち込む際、どうやらLearningのaをdと間違えた箇所があったようだった。
　もとより、Learningなんて綴り、1文字も分からないわけで、調べて確認しながら打ち込んでいったんだ。ていねいにしっかり見たつもりだけど、なんたってオレだし。
　そして、元の綴りを知らないということは、そのあと何百回見たって間違いには気付けない。
　テスト対策のとこでも書いたが、「キーボードがあれば解決」ではない。これがその1例だ。いかにもやりそうだったから、オレなりに気を付けてはいたんだけどね。

　「Learningのスペルが違っていますよ」その指摘は、動画をアップしたスレッドに、何人かから直接書き込まれていた。
　当時のオレは、フェイスブックは全部「公開」にしていたので、だれでも見ることができる場所。そこに「スペルが違います」と書かれた。

　うん、そうだね。確かに違ってた。間違えたのはオレだ。アナタたちは正しい。悪意がないのも、分かるんだ。きっと「これは教えてあげないと」と思ってくれたんだと思う。
　だけど…。だったら、せめて「メッセージ」でオレに直接伝えてくれたらよかったのに。

　オレがディスレクシアで、英語なんてまったくやってきていないことなんて、もちろん公開してるけど、オレのフィードを見る人は、それを

知ってる人がほとんどだけど、それでも、不特定多数の親しい人、親しくない人、だれもが見る場所に「スペルが違います」と書かれたのは、やっぱりみじめだった。

　一瞬で、あの、教室で読めない教科書を握りしめていたときの記憶がよみがえった。みんながスラスラ読めるものが読めないオレ。なんとか自分の順番だけやりすごそうと、必死で考えて読んでも、まちがいだらけ。先生のため息と、みんなのクスクス笑う声。

　すぐに動画ごと削除してしまいたい衝動にかられた。ああ、オレが何かしようとすると、やっぱり恥をかくんだ。そんな気持ちに唇をかんだ。
　いや、以前のオレだったら、この書き込みを見た瞬間に、フェイスブックのアカウントごと削除していただろう。そのくらいの衝撃だった。

　だって、教えてくれたのは、だれも、フェイスブックでつながっていた先生たちだったんだ。それなのに、オレにその指摘を「ここで」する無神経さに泣けてきた。アナタたちが親切に「教えて」くれたことの意味、考えたことある？
　湧きあがってくる恥ずかしさと怒りで本当にどうにかなりそうだった。

　でも、自分の精一杯をぶつけた作品。たくさんの仲間に力を貸してもらい、当事者としての願いを込めた。伝えたくて、知ってほしくて作った動画。やっぱり消したくないと思った。

　ここで「正解」は、「ありがとうございます。直します」なんだろうな。きっと。分かっているけど、強烈に「直したくない」と思った。

結局オレは「直しません」と返信した。「自分はディスレクシアで、こういう間違いをしてしまいます。でも、言いたいことの意味は伝わるので、このままでいいです」そんなことを書き送った。
　気を悪くしたかな、と思ったけど。オレはもっと気を悪くしたのでカンベン。

　Learningって、そんなに難しい単語じゃないんやろ？ 間違うのはカッコ悪いよ。そりゃあ。でも、オレが言いたいのは、そこじゃない。

　Learning Difference学び方が違う。LDは、学び方が違うからLDなんだ。

　竹田先生の言葉に、オレは救われたんだ。言いたいのは「学び方が違う」ということ。Learningのスペルじゃない。

　読み間違うからって、書き間違うからって、すべてを否定されてきた。
　でも、読むのが苦手で書くのが苦手だって、理解することはできる。方法があれば、試験にだって受かるんだ。「みんなみたいに読み書きができない」＝「全部ダメ」じゃないんだ。

　Learningのスペルが1文字違うことが、この動画全部を否定したりしない。そんなこと、できるはずがない。

　ドキドキしたけど、オレは「直さない」と決めた。

　ただ、この動画は、なんたって「学長賞」をもらった作品だ。このままにしておくことで、大学に迷惑をかけたらどうしようという不安はあった。

思い切って、保木本先生に尋ねてみた。「直したほうが良い」と言われるのをどこかで予想していた。だって、保木本先生も「先生」だから。

　でも、答えは違ったよ。
　「直す必要はないですよ。『Ledrning Difference　学び方が違う』と日本語も添えられていて意味は問題なく伝わります。そうでなくてもLedrningだって、Learningの間違いだなとすぐ分かる。むしろ、ディスレクシアの間違いやすい部分を、ここに小さくメッセージとして込めたとも取れるし。英語圏の人に見てもらおうと思ったら、そもそも全部英語にしなくちゃいけないし。英語圏の人だって、これ見て「Learning」以外の意味をとることはないでしょう。どちらにしろ、動画の価値や意味に、なんの影響もしません」

　ああ…。もう…。最後の最後まで。
　何度でも言うよ。「オレ、この学校の学生で良かった‼」

　「スペルが違う」と書き込んできたのは、教育のプロの先生。「直す必要はないですよ」と言ってくれたのは、映像のプロの先生。オレは、

LD
Ledrning Difference
「学び方が違う」

教育関係者じゃない。ただの当事者で、芸大の学生だ。当然、「オレの先生」の意見を採用!!

　「直さない」と決めたのは自分だけど、「間違いを指摘される」ことの恐怖感は結構根強くて、気持ちが揺れなかったと言ったらウソになる。
　でも、もう大丈夫だ。「直さなくていい」「意味は問題なく伝わる」オレの尊敬する先生が、そう言ってくれたから。

　というわけで、いまだに、オレの動画のLearningは、Ledrningになってるとこが残ってる。

※今回、何回もLearningと正しく書けたのは、「らーにんぐ」と書いて変換を押したら出てくると教えてもらったから。早く言ってくれよ…。

第4章
出会いが支えた今

1 滑り込んだ卒業式

　特修生として入学式に参加してから3年。人生3回目の卒業式は「おめでとう」に包まれた。

　正直「もうだめだ」と思うことは、何度もあった。もちろん、全部自分のせいなんだ。
- 提出課題をためる
- 提出課題を間違える
- 提出締切を間違える

　うん、やりそうなこと。でも「オレ、不注意なんで」は通じない。そうなると単位が取れない。

　「提出物をためる」は、なんとスクーリングの1年目の課題のほとんどを、2年目に持ち越してしまっていた。スクーリングが楽しくて、提出課題も製作が中心だったので、つい油断して「いつでもできる」と思ってたら甘かった。2年目の課題とも重なって量も相当になったが、それだけじゃなく内容も難しかった。「ヤバい、なんとかしなくちゃ」と思いながらの日々。

　そのうえ、卒業制作が仕上がるまでは、正直、他のことが手につかなかった。渾身の力を込めた卒業制作が仕上がり、やっと大きな肩の荷が下りたときには、「4月に卒業したかったら、この日までに少なくとも提出だけは終えていないといけない」という崖っぷちまでひと月あまりだった。

　とにかく、四の五の言ってる時間もない。ラインの同級生グループに助けられながら、必死で課題を仕上げていった。
　通信だし、短大は2年と言っても、実際はもう少し長く在籍して単

位を取る人が多いことは知っていたし、9月卒業という手もあるのも分かってた。

でも、どうしても2年の3月に卒業したかった。卒業式に出たいというのもあったし、ここまで頑張ってきたんだから先延ばしにせずやり遂げたいという気持ちもあった。何より、同級生と一緒に卒業したかった。

「もっとこうしたいな。でも時間がない…」と、計画性のなさを呪いながらも、課題に向かう日々。

「締め切りに必死になるのも、学生の醍醐味、醍醐味」と言う妻に、「他人事だと思って…」と、ムカつきながらも、頑張った。

なんとか、全部の課題を送り終えたのは、提出締切の3日前。明日、郵便局に行けば、とりあえず終わりというとこまでこぎつけた。

「やったー! 全部終わった!!」達成感と燃え尽き感は半端なかった。

卒業制作のように「できることを全部やった」という質的なガッツポーズではなく、「こなした! 終わりにこぎつけた!」という、いたって不謹慎なものではあったが、好きなことやりたいことだけでなく、「やらなくてはいけないこと」を最後までやり遂げた経験が少なかったので、そこの感動もあった。

その晩、最終チェックを妻にも手伝ってもらってやっていたとき、事件は発覚した。

課題の提出状況は、ネットでチェックできる。1つの教科で複数の課題が出ている場合、1つひとつの課題ごとに、評価が出たのか、再提出なのか、未提出なのか、採点中なのかが、〇や△で一目で分かるように示される。

「智ちょっと待って。未提出になっているとこ、イマココにあるものを照らし合わせてたんだけど、2つないのがある」妻の声に緊張感が走った。

「そんなはずない。その教科、こないだ送った」というと、「この教

科の課題、5つ中3つ提出済みで採点中になってるけど、2つは未提出になってて、なのにイマココにないんだよ」と、妻。

いやいや、送ったって。その教科の課題、めっちゃめんどくさくて、覚えてると言い張ったが、「まだ入力されてないだけならいいけど、心配だから」と、妻が課題のページをダウンロードして印刷した。

第1課題から第5課題まである。1〜3は、やった覚えがある。ネットでも「採点中」になってる。でも、「未提出」になっている2課題には、見覚えがない。

「えっ? そんな? 全部やったはずなのに、なんで?」?ばかりが湧いてくる。「えっ。えっ。どういうこと?」大混乱して、考えがまとまらない。

「残りの2つは、やった覚えがないんだよね? だったら、まだ終わってない。この2つも、提出しないといけない」と、妻。

「無理だ」とっさに出たのは、この一言だった。だって、あと3日しかないんだ。3日後に確実についていなきゃいけないから、明日出してしまう予定だったのに。

ああ、いつもこうだ。オレが何か頑張ろうとしても、いつも大事なところで、抜けてしまう。もうやだ。やっぱりオレには無理だったんだ。ぐるぐるとネガティブなことばかりが浮かんでくる。

今年卒業できないなら、なんのためにここ数か月死に物狂いで頑張ったんだ。目の前にある提出前の課題の山も、叩き壊したくなった。「もうやめた…」その言葉がのどまで出てきた。

頭を抱えて座り込んだオレに、妻から「智、速達か宅配なら、あと1日稼げる。なんとか仕上げよう。あと2つだもん。大変だけど頑張ろうよ」と檄(げき)が飛ぶ。

他人事だと思って…。作るのはオレだぞ。と、いつもならさらにイラっとくるところだが、こと大学のことに関しては、妻もオレと一緒にここ

まで頑張ってくれていた。「他人事」ではないんだよな。

　思い出したよ。オレはこうして、いつも投げ出してきたんだった。失敗してしまう自分が許せなくて、イライラして、全部投げ出すことで、そのストレスから逃げてきた。
　正直、残った２つの課題は、あと１日でというのは、かなり無理があるものだった。いつもの自分なら、ひーひー言いながら１週間はかかったと思う。それでも「やる」と決めた。
　出来上がった課題の梱包その他は、妻に頼んで、その瞬間から製作にかかった。この時間では不本意なものしかできないかもしれない。でも、提出せずに卒業が伸びる方がもっと不本意だ。
　提出して「不可」で留年の可能性もあるけど、今は考えない。とにかく仕上げるんだと覚悟した。

　「卒業証書授与式」の看板を見ながら、「あそこであきらめなかったから、今ここにいるんだな」と、しみじみ感じた。

　結局、忘れていた課題は、次の日の夕方までにとりあえず仕上げて、郵便局の本局に持ち込んで、「この日に着きますか？」と確認してから速達で送った。難しいと言われたら、そのまま大阪まで提出に行くつもりだった。
　送った課題がすべて通って、「卒業できる」とはっきりしたのは、卒展のころだったかな。心底ほっとした。「うれしい」の前に、ほっとした。

2　2人目の井上さんをつくらない

　そんなこんなで、やっとたどり着いた卒業式。オレは、みんなより早い時間に会場にいた。

卒業制作で学長賞をとったことで、卒展の最優秀賞として、卒業式の中で表彰されるので、そのリハーサルのためだ。

　保護者席のすぐそばの席に遠慮がちに座っていた入学式と違って、一番前の列に「卒業制作展最優秀賞　井上智」と書かれた札が下がっていた。

　係の先生がいろいろ説明してくれる。ここで返事をして、このラインの上を歩いて壇上に上がって、他の受賞者と礼をそろえて、うんぬんかんぬん…。

　先生、ごめん。「はい」って言ってたけど、オレ、全然頭に入ってない。とにかく、名前を呼ばれたら壇上に上がるんやなと。そのくらい。幸い、何人か一緒に表彰を受けるみたいなので、隣の子を見とけばなんとかなる。たぶん…。

　リハですでに冷や汗でびっしょりだった。へとへとになったけど、オレには、この日は特効薬があった。

　なんと、竹田契一先生が、わざわざオレの卒業式に来てくださったんだ‼

　もう、感激を通り越して、大興奮！

　竹田契一先生は、オレにとって「特別な人」だ。きっとそれは、オレだけではない。たくさんの当事者が、竹田先生に支えられている。先生の教え子の向こうにいる人も含めたら、いったいどれだけの当事者を救ってこられたのか、きっと数え切れないだろう。

　オレもその中のひとり。でも、オレにとっては「唯一無二の先生」なんだ。

　縁あってオレは、竹田先生に検査をしてもらった。得意なところ、苦手なところ、全部、ていねいに教えてもらったうえで「検査ではでない部分もある。あなたには豊かなアイディアがある。自信を持って」と言われた。

そして「あなたは、『やればできる』と言われてきただろうね。もちろん、できる力がある。でも、そこじゃないよね。『やればできる』と言われてもうれしくなかったよね」と言われたときには、涙があふれた。

読み書きができないことは、もちろん辛かった。でも、それ以上に自分が追いつめられたのは「やればできる」「できないのは怠けているから」と言われ続けたこと。そう決めつけられてきたこと。そして、いつの間にか自分でも自分のことを「できることをやらない怠け者」と思い込まされてきたこと。

それって、すごく分かりにくい部分で、自分でもうまく言えないし分かってもらえるとも思ってなかった。でも、すぱんっと竹田先生は言ってくれた。

丸ごと、自分の今までを抱きしめてもらった気がした。チビのサトルが、オレの中でずっと泣いてた。泣いて、先生にしがみついていた。

だから、その後も苦しくてたまらなくなると、オレは竹田先生の声が聞きたくなった。

いつごろからだったか「竹田先生が、２人目の井上さんを作らないという話をしておられたよ」と、周囲から聞くことが増えた。
　オレの子ども時代は、帰ってこない。失った選択肢や時間も、戻ってこない。そんなこと分かってる。
　でも、「２人目の井上さんを作らない」という竹田先生の言葉は、読み書きの苦手さとそこからくる不利益だけでなく、人として自分のことを否定し続けることで心が壊れてしまったオレの姿を「一緒に悲しんで」「一緒に怒って」くれてるんだと感じた。「あの時代はしょうがない」じゃなくて、オレの人生としてその辛かった時間も大切に考えてくれる先生の言葉に、どれだけ「今」のオレが救われたか分からない。
　だから、竹田先生は、オレにとって「特別な人」なんだ。

　「よく頑張ったね。おめでとう」竹田先生の優しい声に涙が出た。「ありがとうございます。ありがとうございます」それしか答えられなかった。
　竹田先生は、そのまま保護者席で、式が終わるまで、オレを見守ってくれた。こんな贅沢なことがあっていいのか!!　という気分。「竹田先生の前で、失敗はできない」緊張もしたけど、気持ちも引き締まった。

3　「おめでとう」を人生で一番たくさん言われた日

　入学式の日、遠くから眺めていた壇上に自分がいる。華やかな同級生たちの拍手を浴びながら表彰を受けた。
　立派な賞状と記念品をもらって、ステージを降りる。入学式のとき、多くはダークスーツだった同級生たちは、女子は色とりどりの袴や、おそらくはオリジナルではないかと思われる斬新（ざんしん）なドレスに身を包んでいて、階段を下りながら見た会場は夢のように華やかだった。

大阪芸術大学には「応援歌」がある。式の最後に、大学の楽団が、「いま君は美しい」を演奏し始めると、厳粛な式が一変、袴やドレス姿の卒業生たちは思い思いに踊り始めた。「芸大！　フー！　芸大！」と、さびに合わせて、手を高くあげる。振袖が揺れる。みんな、ものすごくいい笑顔。オレ、カメラで撮りたいと思ったよ。

　ああ、この曲は、学生の生活の中に、きっと共にあったんだなと思った。通信制だった自分は、行事にはほとんど参加していないんだけど、通学生のみんなは、この曲と思い出がつながっているんだなと感じた。

　みんな、うれしそうで、寂しそうだ。うん、オレもオレも。そんな気分だったから、高らかな演奏と、美しく迫力のあるコーラスで体育館に響く「いま君は美しい」は、本当に、みんなの門出を応援してくれてるんだなあと感じた。

　オッちゃん、手拍子が精いっぱいだったけど、心の中では、一緒に「芸大！　フー！」って叫んでたんやで。かっこいい卒業式。オレの大学、やっぱり最高やん！

　そこからは、「おめでとう」の洪水！　お世話になった先生たちはもちろん、事務の皆さん、同級生たち、なんと、「フェイスブックを見て、お祝いを言いに来ました！」なんて人まで待っていてくれた。

　会う人会う人が、「おめでとう！」と声をかけてくれる。通信の学生で、学校に通った日数なんて、数えるほどなのに、オレは、ちゃんと「ここの学生」なんだ。うれしくてうれしくて、ずっとニヤニヤしてたと思う。

　卒業証書は、通信の生徒だけで集まったところで渡された。体育館にあんなにたくさんいた卒業生の中で、通信の生徒は本当に少人数だった。

　資料を見ると、平成29年度の短大の卒業生は、通学も通信もだいたい同じくらいなんだけど、遠方の「通信生」にとって、式に参加するというのは、なかなか難しいことなんだなと思った。

これが、デザイン美術学科になるとさらに少ない。平成29年度の通信の卒業生は11人、そのうち式に来られたのは数人だ。
　「今日ここに居られること」の幸せをかみしめながら、卒業証書を持って、学内をうろついた。お世話になった先生に、1人ひとりお礼を伝えに行った。どこに行っても「おめでとう」と笑顔で迎えてもらえた。

　「おめでとう」を、こんなにたくさん言われたのは人生初めてだ。「おめでとう」が、こんなにいい響きだって知らなかったよ。ただただ、幸せな気持ちになるんだ。「おめでとう」から笑顔が広がっていく。
　たくさんの「おめでとう」に包まれて、オレの大学生活は終わった。

　挑戦して良かった。あきらめなくて良かった。「もうやめた」と投げ出さなくて良かった。やりたかったことをやり遂げた。それができたことが誇らしかった。

　最優秀賞の記念品はシチズンの時計だった。シンプルなデザインのそれはオレの宝物になった。
　時計を腕に巻くたび、楽しかった学生生活や、広がっていく知識に驚愕した日々、自分の表現を探してもがいたことを思い出す。
　そして、読み書きができないことで、あきらめていた大学で、入学を認めてもらえただけでなく、こうして表彰を受けて卒業できたことが目に浮かぶ。

　オレには、大学で学ぶ力があることを、この大学の専門科目で評価されるだけの力があることを、銀の時計は証明してくれた。

第4章◎出会いが支えた今

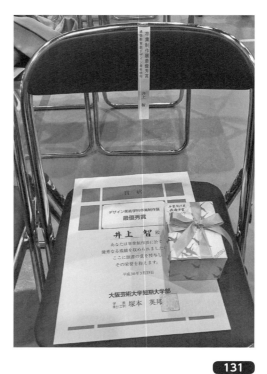

エピローグ

I 大卒を手に入れて

　「学歴なんて関係ないよ」千度、言われた。そういう人たちは、みんな高学歴。
　あんな、アンタらには「それに意味なんてない」と思えるくらい、「当たり前」のものなんやろう。それは「持ってる者」の発想や。
　でもな、オレらにとっては違う。持っていないオレらには、常に「学歴がない」ことがつきまとう。
　まず、「入り口」が違う。同じ建物に入るんでも、「大卒の人はこっち」「そうでない人はあっち」になってる感じ。ひどいとこだと、「大卒の人はこっち」「高卒の人はこっち」「中卒は、入っていいか、別の試験をうけてから」なんてこともある。
　法の下の平等はどこいったん？

　学歴＝能力じゃないことくらい、この年齢になれば分かる。有名大学出の使えないやつもいれば、中卒で優秀な人にもたくさん出会った。
　でもな、「中卒」でどんなに優秀でも、使えない「大卒」より給料が安いねん。そもそもの「基本給」が違うし、昇給の額も違う。
　「そうじゃない、能力主義で評価してる」という会社もあるだろう。でも、多数派じゃない。そして、「優良な能力主義」の会社は、「大卒の優秀な人」であふれてて、オレたちの入り込む余地なんてないんだ。

　働きながら通信の大学に通うって大変なことだ。自営業で、比較的時間の融通がきくオレでも目が回った。まして、サラリーマンで働きながらスクーリングもこなすというのは、本当に至難の技だろう。
　同級生には「絵の勉強がしたい」という熱意から、通信に進んだ人も、もちろんいたが「大卒の資格がほしくて」という人も少なくなかった。

社会に出て、働けば働くほど「大卒でない」ことで悔しい思いをしたんだろう。それが、現実。その気持ちは痛いほど分かる。

　なんで人は「出身校」を聞きたがるのか。オレも若いころ何度も「大学どこ?」と聞かれた。大概は、大手の下請けの仕事に入って、テキパキとこなしているときだ。聞いてくる連中は、当然大卒。「あいつ、よく働くな」「今回のスタッフ、いいじゃん」そんな評価からオレに興味を持って声をかけてきた。その最初の質問に「大学どこ?」は本当に多かった。
　ごまかしたことも、うそをついたこともある。とても正直には答えられない。むなしくて、みじめな気持ち。

　もうオレは50歳も過ぎてて、今さら「大卒」で何かを始めるわけでもない。それでも「大卒」がくれた自信は大きい。

　「大卒」を手に入れて思うのは、やっと「オレはアホやない」って説明しなくてよくなったということ。「大卒」は、「大学を卒業できる力が

あります」の、分かりやすいアイコンなんだなあ。

　多分、だれでもないオレ自身が、「中卒である」自分のことを見下してたんだと思う。「学歴なんて関係ない。オレの方がずっと稼いでる!」そう胸を張りながらも、出身校を言えなかった。

　いろんな理由で高校に進学できない人がいる。それを否定する気も馬鹿にする気も毛頭ない。高校に進学しない選択をして、輝いている人がいることだって知ってる。

　オレが直視できないほど嫌悪していたのは「名前を書いただけ」で高校に進んだ自分。スポーツ推薦で「勉強は何もしなくていい」と言われてた自分。そして、それがつらくて飛び出してしまった自分だ。
　オレには、高校に行ける力も、続ける力もなかった。学歴はそれを突きつけてくる。「学歴なんて関係ない」世界で生きていても、それはじわじわとオレを締めつけた。
　「大卒」を手に入れて、やっと、そこから解放された。そんな気がする。

　出身校があるっていいなあ。フェイスブックのプロフィールも、ウキウキ更新したよ。大好きな学校の名前が、オレの「出身校」の欄にある。オレはここに入学して、卒業した。

　最優秀賞でもらった時計は、水戸黄門の印籠のように、輝く切り札としてオレの腕で輝いている。

2　次の挑戦へ

　大学の卒業が近づいていくにつれ、寂しさと、安堵感と、そして「もっと勉強したい」という気持ちが湧いてきた。

大卒の資格が取れたら、それで十分だと思ってたし、実際、それは大きな価値があった。最優秀賞という評価ももらった。
　ココだけの話、実は３年間で「不可」は０なんだ。作品課題の再提出はあったけど、成績自体も結構優秀だったんだよなオレ。

　「あんなしんどい思いは、さすがにおなか一杯」の気持ちもあったけど、「知る」楽しさや、「できた」の喜びは、「もっと」とオレを駆り立てた。１人ではできない学びや、教えてもらうこと、共に学ぶこと、評価されることの魅力が体感できたことも気持ちを揺さぶった。

　入学前から「４大もありますよ」と言われていた。分かってはいたけど、自分は「大学に行きたい」「『大卒』を手に入れたい」が最優先だったから、迷わず短大を選択した。
　だって、特修生から始めるわけで、短大だって、最低で３年の大プロジェクトだ。４大だと最短で５年、さすがに想像できなかった。
　スクーリングのとき「短大を卒業したら、４大の３年に編入できる」と知った。ということは、総合教育科目は終わった状態、大好きな専門教育科目のみなんだ。それは強烈にありがたい話だ。
　総合教育科目が「大学生として」必要な学びであるのはよく分かるし、実際、すごく勉強になったけど、「基礎知識」の積み上げがないオレにとっては、めちゃめちゃ大変な挑戦だったので、さすがに「もう１回」はカンベンというのも正直なところだ。

　卒業制作を始めたあたりから、「入り直して４年はちょっと考えられないけど、編入はありだなあ」と、ぼんやり考えるようになっていった。何人もの先生たちから「４大に編入を考えたら？」と声をかけてもらったことも、素直にうれしかった。
　できるのか？できないのか？やりたいのか？やりたくないのか？もや

もやと考えながらも、卒業に向けての目が回る忙しさの中で、結論を出せずにいた。

　卒業式の日、たくさんの「おめでとう」に包まれて、オレは本当に幸せだった。式の後、卒業証書と一緒に渡された袋には、４大への編入手続きの案内が入っていた。「ぜひ４大に進んでくださいね」笑顔でそう言ってくれた先生と「井上さん、待ってますよ」と言ってくれた事務のお兄さん。卒業の日に、新しい扉の鍵を渡された気がした。
　特に事務の人から、そう言ってもらえるとは思いもしなかったので、ありがたかった。だって、オレ、絶対手間かかる学生だったはず。オレの履修する教科の先生方への事前説明とか、別室での試験の実施とかという、「前例がない」支援への配慮から始まり、スクーリングの日程間違い事件とか、提出用封筒や提出票が締切ぎりぎりで足りなくなって、速達で送ってもらった事件とか、なんというか「ゴメンなさい」としか言えない、すっとこどっこいな迷惑を多々かけてきた自覚アリ。さぞかし卒業して肩の荷が下りただろうなあと申し訳ない思いでいただけに、「待ってます」はうれしかった。

　お世話になった先生たちへのあいさつも終えて、妻をつれて学内をゆっくり歩いた。「あそこが彫塑の部屋、こっちがシルクスクリーンをした教室、この部屋には最新のMacが並んでるんやで」芸大独特の作業スペースや、飾られたたくさんの作品。広々とした芝生や、あちこちにある談話スペース。ここに通ったのは、スクーリングの2か月ほどだったけど本当に楽しかった。スクーリングはきついなあと思ったこともあったけど、楽しさの方がずっと勝っていた。

　うん。オレ、もうちょっと大学生やりたい。好きなことを、同級生たちと一緒に学んで、先生にいろいろ教えてほしい。大好きだった伊丹

キャンパスを眺めながら、気持ちは固まった。

「でも、今じゃない」。まずは、日常をもう少し立て直してから。

啓発活動で心が折れてからの数年間は、いろんなことが手につかなかった。さらにこの3年は、大学一色だったから、後回しにしてたとも結構ある。裏のデッキも直さなきゃ。アンテナもいい加減修理しないと、台風が来るたび、映る局が減っていく。他所(よそ)の工事には行くんだけどね、こういう「自分のまわり」のことが、置き去りになってた。

やみくもに飛び込んだ大学生活は、楽しかったけどそれなりに大変でもあったから、ちょっと休憩して、エネルギーチャージも必要だ。

1年後になるか、2年後になるか、まだ分からないけど「次の挑戦」が待っていると思うと、ワクワクしてくる。

4大は学科もいっぱいあって目移りしてしまうほどだ。

最初の希望から言えば写真学科、でも、美術学科やデザイン学科も面白そうだ。建築学科はおそらく、オレの人生の経験が一番生かせるところのはず。ああ、悩ましい。

でも、実はもっと気になっている学科がある。「広告表現」の授業を通じて「表現の意図を伝える」面白さに初めて触れた。最後に受けたスクーリングだったこともあるけど、アレ、もっとやってみたい。それって「文芸学科」になるんだよな。

大概のことは、「いいんじゃない。やってみれば」という妻だが、オレが、パンフレットを眺めながら「文芸学科は無理かな」と言うと、さすがに固まった。

ちょっと考えてから、「うーん、文芸学科だと、智のやりたいことだけではないと思うから、そこが大丈夫かなあって気はする。せっかくの4大なんだから、苦手なことで苦労するより、得意なことを生かしていく方がいいんじゃない」と言っていた。

「ちょっと難しいと思うよ。やめた方がいいんじゃない」と言いたいんだろうな。まあ、気持ちは分かる。

でも、まだ時間はあるし、焦らずゆっくり考えよう。自分がそこにいることをイメージしながら読むパンフレットは、めっちゃ面白いしね。

「とにかくどこでもいいから大学に入りたい!」だった3年前とは違う。なんたって、このオレが、「文芸学科」に行ってみたいなあって思えるようになるなんて、だれが想像できただろう。自分でもびっくりだ。

重篤なディスレクシアで、読み書きの力は今だって小学校低学年程度。でもそれは丸腰で臨んだらって話だ。

この3年間で、自分の学び方が認められる場所で、必要な機器を使うことができれば、立派に大学生として評価されることを証明できたと確信してる。

「わが校は、あなたが学ぶために必要なものを取り上げたりしません。」大阪芸術大学はそう言い切ってくれる大学だ。だからこそ、読み書きに障害があるオレが「文芸学科」に進む選択肢を持っている。こんな未来、ずっと想像したこともなかった。

「どの学科を選ぼうか」と悩める今は、なんともうれしくて、たまらなく爽快だ。

３ オレからみんなへ

オレの「50代での大学挑戦」を読んでくれてありがとう。　なかなか大変な障害物競走だったけど、「やってよかった」と心から思ってる。

そんな成人ディスレクシアのオレから、最後に改めて伝えたいメッセージがある。

3-1. 読めないこと・書けないことで苦しんでいるキミへ

　この本を手に取ってくれた人の近くに、オレのような子がいたら、伝えてほしいことがある。

　それは、オレが子どものころに知りたかったこと。

　ずっと止まっていた「学べる自分」の時間が動き出して思うのは、「もっと早くに知っていたら」「子どものときにこれができたなら」という叶わぬ願いだ。

　オレの子ども時代には、間に合わなかった。でも、今の子たちにはきっと間に合う。どうか、伝えて、支えてあげてほしい。

読み書きで苦しんでいるキミへ

①「方法」はある

　まず一番知ってほしいことは、「方法」はあるということです。

　読めないと苦しい。先生や友達に聞くこともだんだん辛くなっていく。

　書けないって悲しい。

　言いたいことはあったのに、書いているうちに分からなくなってくることもあるし、自分の書いた字が自分でも読めないとだれにも見せたくないって思う。

　そんなとき、周りのみんながスラスラ読んだり書いたりしていると

　「ああ自分ってなんてダメな子なんだろう」って苦しくなってくるよね。

　おじさんもそうでした。

　子どものときからずっと、「こんな簡単なこともできない自分」が大

嫌いでした。

　でも、今は分かります。
　できないのではなく「学ぶ『方法』が違う」だけだったんです。
　みんなと同じ「方法」ではできないけど、自分の「方法」ならできるんだ、そう知ってから、おじさんの毎日は、とっても明るくなりました。

　おじさんにとっての「方法」はICTでした。
　読みあげてもらえば書いてある内容はよく分かります。
　聞いているだけではなく「聞きながら文字を読んでいく」のが、
　おじさんには特に合っていました。
　音があれば、自分もスラスラ読んでいけることが分かって、とってもうれしかったです。
　うれしくて、たくさんたくさんの本や記事を読みました。
　すると、読みあげがなくても、短い文章だったら以前に比べて楽に読めるようになりました。
　音がないと、漢字の読み間違いなどは相変わらずありますが、意味は分かるので、大丈夫です。

　「読めない」と思って、何十年も「読まない」でいたことが、今はもったいなくて仕方ありません。
　新しいことを知ったり、興味のあることを調べたりするのはとても楽しいです。

　手で文字を書くことは今でもとても難しいですが、キーボードを使えば自分の言いたいことを書くこともできるようになりました。
　おじさんの一番の武器は、携帯電話でメールを打つときに使う「フリック入力」です。

少ないキーで、予測変換を使いながらだと「えっと、どう書けばいいんだっけ」と悩まずに書くことができます。

　何十年も、「書く」ことをほとんどしてこなかったので、
　最初は「これであってるのかな」「変な文章になっていないかな」と心配で、家族に「これで大丈夫？」と聞いていましたが、最近は、1000字以上の文章でも1人で書くことができるようになりました。
　SNSで、毎日、文章を通じてたくさんの人とのやりとりもしています。「書くことって楽しい」そう感じることも増えました。
　ぼんやりとしていた自分の思いを文字にしていくことで確認したり考えを整理したりできることもわかりました。

　おじさんの子どものころにはなかったICTという「方法」が、
　おじさんにたくさんの喜びと可能性をくれました。
　「なまけてる」「こんな簡単なことだれでもできるのに」と言われて、
　くやしくて泣いていた子どものころの自分に、この「方法」を届けてあげたいと本気で思います。
　でも過去には戻れません。
　それは、やっぱりとても悔しいことです。

　今は、本当にたくさんの「方法」があります。
　あなたに合う「方法」もきっとある。
　どうか、あきらめないで、試してみてください。

②みんなとちがう「方法」は、ずるくなんかない

　今では、あれほど苦しかった「読むこと」も「書くこと」も、おじさんの毎日に欠かせない「楽しみ」になっています。
　でも、それは「方法」があるからです。
　「音があれば読める」「キーボードがあれば書ける」というのは、「眼

鏡があれば読める」と同じです。
　「方法」は助けてくれますが、それを使って「読んでいる」のも「書いている」のも自分です。
　ずるくもないし、間違ってもいません。むしろ「音がなくてもスラスラ読めるなんてずるい」「キーボードがなくても書きたいことが書けるなんてずるい」と言いたいくらいです。

　メガネや車いすを使うことを「ずるい」とは言いませんよね。それを使わなくてもいい人と、使わないと困る人がいたとき、「みんな使うことにしましょう」も違うし、「みんな使わないことにしましょう」も違います。「必要な人が必要な時に使う」ことは、まったく問題のないことです。

　「でも、何か言われたらいやだなあ」と、思うこともありますよね。
　おじさんもそうでした。
　「携帯電話で漢字を調べるなんて、みんながしているよ」と言われても、どうしても人前ではできなかったです。
　そんなときは、まず、家の中や1人のとき、だれにも何も言われないところで試してみるといいと思います。
　自分にあった「方法」に出会って、それを使っていると、「今までの苦しさはなんだったんだろう」と思うくらい、ストレスなく読んだり書いたりできるようになります。
　そんな体験を重ねていくと、「自分にはこの『方法』が必要なんだ」
　「友達には必要なくても、自分はこれがあると力を発揮できるんだ」
　ということが、実感できます。
　そのうえで「この『方法』を学校でも使いたい」と思えば、先生や家族に相談していくとよいと思いますよ。

③助けを求めてよい

　自分の「方法」が見つかっても、それが使えない場面というのも、やっぱりあります。

　そんなときは助けを求めてよいのです。

　おじさんは、ずっとそれができなくて、かくしたりごまかしたりしてきました。

　時にはウソをついたり逆切れしてみせたりしたこともあります。

　自分の苦しさを、相手を攻撃することでごまかそうとしていたんですよね。

　思い出すと、周りの人にたくさん迷惑をかけてしまったなあと、反省することも多いです。

　今は素直に「苦手だから手伝って」とか「ここなんて書いてある？」って聞けばよかったと思うし、実際そうしています。

　でも以前は、それができませんでした。

　なぜかというと恥ずかしかったからです。

　どうしてだと思いますか？

　それは、とても自信がなかったからです。

　「できない」が重なってこんがらがって、自分はダメなんだとばかり思っていました。

　だから「知られたくない」「恥ずかしい」が先にきてしまっていたんです。

　今は「自分はできる、ただ『方法』が違うだけ」と分かっています。

　だから、自分の「方法」が使えないときは、素直に「手伝って」が言えます。

　「ありがとう」も心から言えます。

「恥ずかしい」と思っていたときは、「ありがとう」を言うのもすごく悲しくて、うまく言えなかったんです。

　苦手なことは、だれにだってあります。でも、それが自分の「すべて」じゃない。
　そう思えると、助けを求めることも、苦しくなくなります。
　キミがだれかを助けてあげる場面も必ずあります。
　だから、助けを求めていいんですよ。

　おじさんが、読むこと・書くことに苦しんできたのは、「方法を知らず、違うやり方はずるいと思っていて、だれにも助けを求められなかった」からです。

　今はたくさんの情報があります。
　「方法」を知って、自分のやり方に自信を持ち、困ったときは助けを求めながら、楽しく学んでほしいと心から願っています。

3-2. ディスレクシアの子どものそばにいるアナタへ

> # 子どものそばにいるアナタへ

　家族だったり生徒だったりする子どもたちの中に、オレのようにディスレクシアを持つ子がいたら、ぜひ分かってほしいことがある。

　その子は、アナタにとってとても簡単なことがなかなかできないかもしれない。そんな姿を見ると、その子が大事であればあるだけ戸惑うだろうし、焦った気持ちにもなるだろう。なんとか助けてあげたい、そう思って「もっと頑張ろう」と声をかけるんだと思うし、「やればできる」と励ますんだと思う。

　でも「頑張る」だけでは、ゴールが見えないことだってあるんだ。

　目の不自由な人に、「見えた方が便利だから頑張ってみよう」って言わないよね？足の不自由な人に、「みんな自分の足で歩いてるんだから、車いすを使わずに歩こう」って言わないよね？でも、オレたちは言われてしまうんだ。「読めないと困るから、頑張って練習しよう」「機械なんて使ったら、もっと書けなくなるから、ダメだよ」ってね。

　オレたちは、まったく読めないわけでも、まったく書けないわけでもない。だから、必死で練習すれば、そのときは練習した字だけは読める。100回書けば、そのときは書ける。でも、それが広がらないし続かないんだ。

　それなのに、その姿を見て「やればできるじゃない!!」と言われてしまう。「やればできる」と言う人は、「本当だな。オレもやればできるんだ、頑張ろう」という反応を期待しているんだろう。でも、そんなこと思っ

たことない。
　「やればできる」は、「できないのはやらないアナタのせい」と言う言葉なんだ。

　みんなは、練習してできるようになったことが身について、他の場面でも読めたり書けたりするんだけど、オレにはそれができないんだ。だから、やってもやっても「終わりが見えない」苦しさがある。「やればできる」のために、自分はどこまで頑張ればよいのかと、途方に暮れてしまう。

　みんなと同じやり方では、「読む・書く」が理解や思考につながる「方法」として機能するほど、滑らかにはできないんだ。まずそのことを分かってほしい。
　一番苦手なことを一番苦手なやり方で、頑張り続けろっていうのは、本当に酷なことなんだ。

　「できない」じゃなくて「違う」んだ。「Learning Difference　学び方が違う」のがLDなんだ。

　みんなと同じ方法や、アナタが経験してきた方法だけではなく「その子に合う方法」をどうか試して、見つけてほしい。

　オレの講演会に来た先生のように、「いいか、お前が何に困っていて、どうしてほしいか言ってくれたら、何でもやってやる。だから、ちゃんと話せ」と、子どもに求めるのは酷だ。子どもたちがそれを伝えられるようになるためにも、一緒に探してほしい。「ここがで苦手だけど、こうすればできる」という方法を身につけさせてほしい。
　そして、自分の方法で学ぶことの大切さを教えてほしい。「みんなと

同じ方法」が重要なのではなく、「自分が学べる」ことが大事なんだよと伝えてほしい。

　オレの進んだ大学でオレはファーストケースだった。「前例がない」中で大学は「わが校は、あなたが学ぶために必要なものを取り上げたりしません。それがあれば学べるというなら、しっかり使って学んでください」と言ってくれた。
　オレは、今だって「みんなと同じやり方」を前提にされたら、原稿用紙半分だってレポートは書けない。でも「オレの方法」で学べたから、こうして大学を卒業することだってできた。

　子どもたちの行く先は、こんなにも柔軟なんだ。
　どうか、「将来困るよ」と、「今」を追いつめるのでなく、「今」を支えて、未来につなげてほしい。

3-3. 読めないこと・書けないことで苦しんでいる大人のアナタへ

大人のアナタへ

　学校はつらい場所だ。
　でも、今学校に通っている子どもたちには、たくさんのチャンスがある。読めないこと、書けないことを補ったり支えたりする方法だって、どんどん提案されている。もちろん、それがどの子にも届いていない現実が、腹立たしいけどあるのも知ってる。
　それでも、「学ぶ年齢にいる」子どもたちには「これから」がある。

　オレは、自分が幸運な人間だと分かっている。

そりゃあ、イヤというほど苦しい思いも、みじめな思いもした。でも、自分のことを知り、分かってくれる人たちに支えられ、夢見ることすら許されないと思っていた大学も卒業できた。大嫌いだった自分のことを「オレはオレのペースでええやん」と思えるようになった。
　これが、どんなに難しいことか、望んでも手にいれることが困難か、オレは知っているつもりだ。

　オレは、今までたくさん「オレに似たヤツ」を見てきた。もちろん、分かっていても、声はかけない。触れられたくないだろうし、オレだってバレるわけにはいかなかったから。あいつらが年をとって、今どうしているだろうと思うかと胸が痛む。
　今でも必死で隠しているんだろうな。自分のことを、どうしても受け入れられずにいるんだろうな。
　もちろん「大学」がゴールじゃないし、違う道であっても、自分のことを知って、肩の重りを下ろして生きていけるならそれでいい。
　オレが自分のことを知って「ああ、オレはどうしようもないアホでも、ウソつきの怠け者でもなかったんや。学び方が違うだけだったんや」と思えたように、オレに似た大人たちにも思って欲しい。

　現場で出会った、ある若い子は、いつもニコニコしていて、機転がきいて、働き者だった。その子は、休憩時間には必ず文庫本を読んでいた。あまり現場では見ないタイプの子で、ずっと気になっていた。
　気になっていたのには、もう1つ理由がある。その子は免許を持っていなかった。ここいらは「大人の数だけ車が家にないと不便」な田舎だ。何はなくとも「免許」は必要で、オレみたいに高校を飛び出したヤツらも、みんな免許を持っていた。なのに、その子は持っていなくて、遠くの現場でも、自転車で汗だくになってやってきていた。

そのころにはオレはもう自分のことを知っていて、彼の姿が、なんだかとっても気になったので、2人きりになったときに声をかけてみた。
　「なあなあ、なんで免許取らんの？　不便やろ？」彼は少し恥ずかしそうに「オレ、漢字がだめなんですよ」と言った。「免許の試験に、漢字書くとこないで？　いっつも本読んでるし、読むのは大丈夫なんやろ？」と聞くと、「意味は分かるんです。でも、多分正しい読み方では読めてない。」と返事が返ってきた。
　「それだったら、免許絶対取れるで」どうにも話が不思議でしょうがなくて、オレはどんどん突っ込んだ。
　彼は、少し困っているようだったが、2人きりということもあってか、こんなことを話してくれた。「オレ、両親が忙しくて、おばあちゃんがずっと世話をしてくれてたんですよ。おばあちゃん、元先生で、勉強も、すごくていねいに教えてくれて。でもオレ、全然漢字が覚えられなくて、『漢字が読めないと、免許も取れないから、まず漢字の練習をしましょう』って、ずっと言われてて、それでも、たくさん練習しても、どうしても正しく読めないし、書こうとすると分からなくなるんですよ。なので、試験を受けるなんて、オレには無理なんです。試験の前に、漢字の練習をしないといけないんです」

　なんてこった。この子もだ。「読み書きができない」から「すべてダメ」と刷り込まれてきている。それも、大好きな人から。そこには愛情があって、だから彼はものすごく素直に育ってて「自分はダメだから」と、何事にも挑戦することを手放している。免許を取るためには「漢字の練習をしないといけない」と思い込まされている。

　「あんな、絶対受かるから、受けてみ？　もし、心配なら、ネットに過去問とか練習問題できるとこかあるし、やってみ？　読んで意味が分かるんやったら、絶対できる。だって『読んで選ぶ』だけなんやで？『直進』

を『ちょくせん』って読んだって、意味が分かってたら選べる」多分、泣きそうになりながら、オレは必死で訴えていたと思う。

　後に、オレが出ていたテレビ番組を見て、「ああ、こういうことか。自分も同じだ」と腑に落ちたと教えてくれた。
　そして、ほどなく彼は免許を取った。「漢字の練習」をしなくても免許が取れたんだ。

　彼の思い込みをオレは笑えない。だって、分かるんだ。「すべてがNO」と刷り込まれている苦しさが。挑戦して恥をかくのも、「やっぱりダメだった」と思い知るのも、もうこりごりなんだ。そのくらい、打ちのめされて大人になったんだよ。

　でも、彼もまた「知る」ことで変わった。挑戦し、免許を手に入れ、仕事と生活が広がっている。
　だから、オレと同じ苦しさを歩いてきた「アナタ」にも伝えたいんだ。「知る」ことで、変わる世界があることを。そして、それは今からでも遅くないってことを。

　読めないも書けないも、オレたちのせいじゃなかった。「学び方が違う」ことを、だれも知らなかったんだ。オレたちには、オレたちの学び方がある。
　長い長い遠回りをしたけど、悔しくないといったら、そりゃあウソになるけど、それでも「知る」ことで、知らないまま打ちのめされていた日々と手を切れる。
　少なくとも、オレはそう信じてるんだ。

3-4. ディスレクシアの大人のそばにいるアナタへ

> # 大人のそばにいるアナタへ

　おそらくこの本を最初に手に取るのは、当事者ではなく、周りにいる人なんだと思う。

　だって、当事者は「読む」とか「書く」の話題を避けたいんだ。自分が命がけで隠してきたことがバレるのではないかというのは、とてつもない恐怖なんだ。

　かつてのオレもそうだった。ちょっとでもそういう話題が出ているテレビ番組は、すぐに変えたし、クイズ番組でさえ避けていた。

　どうやら世の中の人は、学校時代の勉強に自信があるようで、「平成教育委員会」以降、どんどん「学校の勉強もどき」の番組が増えていったのには、正直まいった。

　「小学生問題」とか言われるとドキリとした。かつての教室で立ち尽くしている自分が浮かんで、手に汗がにじむ。そんな日は、イライラして不機嫌になっていたと思う。

　だから、おそらく、本人はこの本＝情報を手に取らない。

　でも、どうか知らせてあげてほしい。「知る」ことで、長い長い苦しみから解放される、オレはそう信じている。

　ただ、お願いもある。まずは、アナタに、オレたちのことを知ってほしい。

　みんなが簡単にできることができないというのは本当に苦しい。思い

出すのはみじめな姿ばかりだ。

　おまけに、この識字率99パーセントの日本で、「読み書きができない大人」というのは「ありえない」んだ。だから、他にどんな業績をあげても「読めない・書けない」それだけで、すべての評価は0になる。オレたちは、いやというほど、そんな体験をしてきた。

　請われて受けた入社試験で、「すぐにでも来てほしい」と切望されながら、「形だけ」と言われた作文を「手書きでは書けない」と言ったら、ものすごく怪訝な顔をされた。そして、翌日には不採用通知が届いた。あれほど、オレの技術を買ってくれていたのに、おそらくはオレの評価は「手書きで作文が書けない」という「大人としてありえない事態」を持って、100から一気に0に落ちたんだろう。涙も出ない。「またか」「やっぱり」と思うだけだ。

　アナタの前にいる、オレに似ただれかも、きっとそんな思いをしてきているはずだ。だから、まずはアナタにオレたちのことを正しく知ってほしい。「読み書きができない」ことで、その人を評価しないでほしい。

　オレたちは、みんなと同じ方法では学びにくい。それは確かだ。でも、オレたちのやり方なら学べるんだ。ただ、それを教えられることなく大人になった。だから、今も「自分のせい」と自分で自分を打ちのめしているんだ。

　オレが、オレの困難を知っても、変わらずにいてくれる人たちに支えられたように、アナタにも変わらないでいてほしい。
　オレたちは、苦労してきたけど「かわいそう」と思ってほしいわけではない。分かってくれる人がいて、「これから」に明るい気持ちで向かえることが何より大切だ。

だって、「知る」ことで今までと違う「これから」に、できるんだ。
　オレたちは大人だ。方法を自由に選べる。これは、すごい強みだと思う。

　きっとあなたの前にいるその人も、今までだって「自分なりの工夫」をして生きてきたはずだ。それは、「人より劣っているから、それしかできなくて」ということではない。「そうすることで、力を発揮できるから」選んできたものなんだ。そのことを、一緒に誇りに思ってほしい。大人の「学び方が違う」を認めるって、きっとそういうことなんだと思う。

　1人では、この情報にたどり着けないから、1人では、たとえ知っても「ホントにいいの？」と不安になる日もあるから、「学び方が違うだけ。アナタはしっかり社会人してるじゃない」と、一緒に、にっこり笑ってほしい。
　そして、重たい荷物を降ろしたその人と、「これから」のことをワクワクしながら語ってほしい。立てなかったスタートラインを悔やむのでなく、「知る」ことで開いた扉から、足かせをやっと外して飛び出す姿を応援してほしい。

　それが、ディスレクシアの大人のそばにいるアナタへ、同じディスレクシアのオレからのお願いだ。

おわりに

　この本を書くにあたって『読めなくても書けなくても勉強したい』を読み返した。当時の記憶が鮮明に蘇る。

　あの本は、オレのリアルな歴史だ。つらかったこと、悔しかったことが詰まってる。もちろん、「知った」ことで救われた。でも、そこに至るまでの苦しさを吐き出してやっと、受け入れられた部分も大きい。あのころは、本当に毎日読み返して泣いていた。今だって、やはり込み上げてくるものはある。

　あれは、ディスレクシアで、学ぶ場から逃げ出した自分の目に、世界がどう映っていたかを吐き出した本だ。

　時折「うちの子もディスレクシアで苦しんでいるので、サトルさんの本を読ませました」という人がいるけど、マジでやめてほしい。
　子どものころにあれを読んだら、「自分の人生は、これからこんなにつらいことがたくさんあるのか」と、絶望的な気持ちになると思う。

　あの本は、当事者の目に映る世界を知ることで、支援者と言われる人たちに「自分たちにできること」を考えてほしい、「不適切な対応をしていたのならそれを反省してほしい」そんな思いが詰まった本だ。

　だからよく、「読んでいてつらくなりました」と先生たちに言われる。つらくなってくれる人には、きっと「だれか」の姿が浮かんでるんだろう。「あのときできたことがあったはず」と思ってくれたんだろう。そう思う。

おわりに

　今回も、時々昔のことを思い出しては、いろいろ叫んではいるけれど、オレはこれを読んで、泣きたくはならない。「泣きたいくらいうれしい」場面はいっぱい出てくるし、実際、涙もそのときは出たんだけど、読み返すと、そのシーンは笑顔で思い出せる。ここが前と違う。

　今回のこの本は「ありがとう」が言いたくて書いた本なんだと、最後の最後で気が付いた。

　「大学への挑戦」なんて、自分でもかなり無謀なことをした気もする。今思っても、よく卒業までたどりつけた。
　でも、その中でたくさん、オレは宝物を見つけた。「前例がない」ことで門戸を閉じることのない大学、知ることで見える風景の意味が変わっていく体験、学生生活という喜び、励ましてくれた人、一緒に勉強した仲間、すべてに心から「ありがとう」が言いたい。

　今オレは、本当に人生初めてかもしれないくらい、穏やかな気持ちで日々を過ごせている。
　やってみたいこともある。会いたい人もいる。でも「あわてなくていい」とも思うんだ。なんて言ったらいいのかな、「オレのペース」をやっと知った気がする。

　あれほど打ちのめされた啓発活動も、「自分にできる方法」で続けていきたいと思うようにもなってきた。
　オレは、自分の伝えたいことを「話す」のではなく「見せる」ことにした。講演会のように「その場で話す」のでなく、卒業制作のように、知ってほしいこと、伝えたいことは映像にしていくという道だ。
　オレ自身に見えた世界を、画像に切り取っていくことで、動画で表現していくことで、それを見た人に知ってもらえたら感じてもらえたら、

それがオレにできる啓発の形なんだと思う。

　SNSをやっていると、いろんな意見の人がいる。「井上さんは当事者として、…すべきですよ」という言葉にも、たくさん追いつめられた。根が真面目なんだろうなあ、「それをしないことはありえない」ことのように、感じ取ってしまって、できるかできないか、やりたいかやりたくないか、ではないところで走り出しては挫折した。
　突然、面識もない人から、家族にディスレクシアの子がいるという相談を送られてきたり、特別支援教育の専門家のはずの先生から、「ディスレクシアの子の相談があったので、良いアプリを教えてください」なんてふざけたメッセージがきたりすることだってある。「井上さんの体験から、ディスレクシアについてリーフレットを作って、それをネットで無料で公開してください」と書かれたこともあったなあ。

　今は分かる。それは、オレのすることじゃない。というか、オレにはできないことだ。
　オレは研究者でも、教育者でもない。ただの当事者で、伝えることができるのは「自分の体験」だけなんだ。
　それでも、「学び続けることができなかったオレ」の体験も、「学び直すことができたオレ」の体験も、知ってもらうことで広がる理解があると、信じている。

　この春、とても驚いたニュース。「読めなくても書けなくても勉強したい」の一節が、大阪教育大学の入試で、小論文の課題として使われたんだって。オレの体験を読んで、読み書きに困難がある子の心情を推し量り、教師ができることは何かについて述べよと問われたらしい。
　これから教師になろうとする子や教育に携わっていこうとする子たちが集う大学の、入り口となる入試で、オレの体験が取り上げられたんだ。

そこには、大学の「大学に入ったら、こうした子どもたちについて正しく学んで、支えることができる教師になってほしい」という願いが表れているようで、本当にうれしかった。
　それこそ、オレが何よりも望んだことで、自分の体験を伝えてきた意義でもあると思うんだ。

　オレは、「映像」で表現して伝えることを大学で学んだ。「自分の表現」を、これからももっと探っていきたいと思ってる。妻に言わせると、これって「専門」ってやつなんだって。いろんなことを学んだ中で、軸になる自分の真ん中。オレの啓発活動は、オレの「専門」を生かした形で継続していく。ライフワークってやつやね。カッコイイ？

　信頼する先生と、登壇して話す機会も時々はあるだろう。でも、それは、先生の「表現」の材料の1つとして、オレはそこにいる。大事なことは、先生に任せて、気負わずいこうと思えるようになった。

　「…すべき」なんて、人に決められるのは、やっぱダメだ。オレは、オレにできることを、オレの方法で表現していく。

Learning Difference学び方が違うオレなんだ

だから、オレのペースで、明日からを歩んでいくさ。

2018年11月　井上　智

妻から一言

　『読めなくても書けなくても勉強したい』のときと同様に、この本は
・サトルの体験を、彼が書いたり話したりしてくれたものに
・さらに質問して詳しく状況を聞き取り
・私が文章にして、智がそれを読み返して修正していく
　という形で書き進めてきました。

　でも、前回と今回とでは、大きく違うところがあります。それは「私も彼のストーリーに参加することができた」点です。

　前回は、彼の体験を記録していく役目でした。驚くほど詳細に、子どものころのことを話してくれるのを聞いていると、1つひとつが、何十年たっても消えないキズだということが分かります。話しながら怒り、時に目をはらしている智に、私はかける言葉を持ちませんでした。
　手が届かない場所で、彼は今も苦しんでいる。それをイヤというほど感じたのを覚えています。書いている私もつらかった。

　私は教師で、彼の語る場所の多くは学校です。リアルな彼の話を聞いていると、すぐそこに子ども時代の智の姿が見えるようで、「自分にできることはなかったのか」と思わずにはいられませんでした。それは、「現代の学校」にも、40年以上前と同じ状況があるからかもしれません。

　「オレの時代は仕方ない。誰もディスレクシアなんて知らなかったんだろう。でも、今は違うよな？ すべての教室で『特別支援教育』が行われているというなら、全員見つけてもらえて、みんな自分の勉強の仕方を教えてもらえるんやろ？」という彼の問いかけに「そうだよ。安心して」

と答えることはまだできずにいます。

　そんな「今」へのジレンマと、智の語る子ども時代が重なり、「何もできない自分」へ問題を突きつけられているようで、前回の作業は本当に苦しいものでした。

　でも、今回、私は智の挑戦をすぐそばでサポートできました。彼と一緒に悩み、時に提案し、予定管理など、彼から依頼のあったものについては、自分も役割を担いながら、卒業まで一緒に歩んでこれました。

　かつての「ずるい」という言葉の刷り込みと、「共に学ぶ」という経験のほとんどない智にとって、「頼る」「手を貸してもらう」は、当初とても難しいことでした。その姿にも、ここまでのキズの深さを感じます。
　しかし「手を貸してもらっても、学ぶ主体は自分なんだ」ということが腑に落ちたのか、最初の試験を受けるころには「相談したり聞いたりしながら学び進めていく」ことは彼の中で「ずるい」選択肢ではなくなっていったように思います。
　「試験」と「単位認定」という、リアルでシビアな評価が、「サポートは受けても、自分の力でクリアしている」という実感につながったのかもしれません。

　教師として子どもたちと学んでいるときも、「最初は伴走が必要なんだ」と感じるケースは多いものです。特に智のような学び方に特性のある子どもたちは、周囲を見回しても、自分にとって有効なモデルを見つけられないことがあります。そのため「苦手なことを苦手な方法で」繰り返す中で、より向かうべき方向を見失ってしまいかねません。
　「ああ、こうすればいいんだ」と実感できるまでは、しっかり手を貸して伴走する。そこから、少しずつ、「方法を手渡していく」ことで、「先

生がいればできる」から「自分で学んでいける」にシフトしていく。そうしたプロセスの重要性を、成人である智の姿からも感じました。

　智の挑戦に「参加できた」ことの意義は大きかったです。

　家族として「聞いてあげることしかできない」過去のキズは、遠く、もどかしいものでした。ですから、「今」の彼が頑張っていることの役に立てるのは、やはりうれしかったです。「あのとき、やってあげたかったこと」を、私も取り戻している気持ちになりました。

　「あー、オレが今回言いたかったのって『ありがとう』なんだなあ」この本をまとめていく作業の終盤にそう話してくれた彼の顔は、とても穏やかでした。

　智に出会って18年、それまでの壮絶な日々は、想像もできないものですが、一緒に歩いたこの18年も、決して平坦ではなく、特に、彼が自分がディスレクシアだと知ってからは波乱万丈でした。啓発活動に絶望していたころの状態は特に深刻で、「智の体験は、たくさんの人にとって大切な情報になると思う」と、スタートとなったホームページの作成を勧めたことを悔やむ日々もありました。

　だから、彼が「ありがとうと言いたい」と思える今が、家族としてとても幸せです。彼の挑戦を支え、彼が無理なく自分のペースで歩き始める自信を与えてくださったすべての方に、私もお礼が言いたいです。本当にありがとうございました。

　教師としては、「学ぶことの意味」を考えさせられました。「知る」ことで智に見える世界の「意味」が変わっていく。それをリアルタイムで

共有できた意義は大きいです。

　もちろん、私の仕事場は学校で、目の前にいる子どもたちは、毎日のように新しいことを「知る」体験をしています。彼らは学校で学んだことをベースにしながら、自分の経験を重ねて、視野を広げ、思考を深めていきます。ただ、そこには時間が必要で、学んだことは日々の中でじっくり浸透していく、そんなイメージです。

　でも、智は人並み以上に多様な経験を何十年も積んできた大人として、「知る」体験をしました。彼の人生の様々な場面になかったベースとなる知識を「知った」ことで、彼が見ていた世界の意味が、がらりと変わったのです。その時の智の戸惑いと、あふれ出るたくさんの質問に、「知る」の持つ圧倒的な力と、その機会の重要性を痛感しました。

　智は、特性上の困難がとても大きな人です。しかし、そのこと自体より、そのために、読むことも書くことも避けて生きてきたことによる、「学ぶ機会の喪失」のリスクの方がずっと深刻でした。ICTを活用して、読む機会・書く機会が増えていくと、明らかに読む力も書く力も上がりました。
　特性が変化したわけではなく、「方法を持ったことで、機会が保障された」だけなんです。彼が変わったのではなく、「学び方が変わった」だけ。まさに「Learning Difference 学び方が違う」んだということも、突きつけられました。

　今回、大学で学べたのも、日常の中で読み書きの機会が持てるようになったことで、その力がついてきていたからです。それが「知る」につながりました。

この年で学び直すことができた智は、すごいと思うし、誇らしいです。一方で「ここまで遠回りをさせてしまった」ことは、教育に携わる者の１人として、責任を感じずにはいられません。

「Learning Difference 学び方が違う」

　サトルが自分の精いっぱいをつぎ込んだ卒業制作で伝えたかったことを、まずは現場の人間の１人として、私自身が忘れずに歩んでいきたいと思います。

2018年11月　井上賞子

むすびの言葉

佐藤里美

学び方が違うを支えていくには

1 井上夫妻との出会い

　井上夫妻との出会いは、奥様である賞子さんとあるプロジェクトでご一緒することとなり、京都で待ち合わせをしたところからでした。まだお会いしたことがない方と初めての場所での待ち合わせは上手くいかず、何度も電話で連絡を取り合いながらようやく対面がかないました。

　賞子さんとお会いしたときの印象は鮮烈でした。聡明で回転が早く、その回転に合わせるように大きな声で早口で話される方で、話題も多岐に渡り、その情報量にも圧倒されました。初めて知ることも多く、私自身は話すペースがあまり速くないので、時々相づちを入れたり、最低限の用件をお伝えするので精一杯でした。

　賞子さんが話されるたくさんの情報の中に多く登場するのが伴侶である智さんのことでした。「私は面食いです」「うちのダンナはものすごく綺麗なんですよ」とお話しいただき「そんなにですか？」と驚く私に「毎日見ていても見飽きませんよ、綺麗です」とうれしそうに話されていました。いつかお会いしてみたいと思いながらこの会合を終えました。

　その後、賞子さんとご一緒する機会が増えるにつき、智さんについてお話いただく機会がさらに増え、実際に智さんとお会いする機会もいただきました。私の中に智さんについての情報が蓄積され、こんな人物像が形成されていきました。

　・別荘地にお住まいであること
　・愛犬が２匹いること

・モノ作りに長けていて、女子力の高い素敵なデザインがお得意なこと
・写真や物作りでは卓越したセンスをお持ちであること
・誤解されることが多いこと
・意外と気難しいところがあること
・不良だったことがあること
・学ぶことに困難があることに気付かれたこと

　智さんはご自分が学校での標準的な方法では学ぶことが難しかったことを知りました。そしてそれを解消する手段があったことを知り、荒ぶるときがありました。納得、後悔。諦めと悔しさをどう扱ったらよいのか分からずに押し寄せる感情の波に翻弄されていました。

　一方で、読む、書くことをテクノロジーで代替する手法を得て、その技能が上がっていくにつれて知的好奇心のおもむくままに調べ、理解を深め、ぐんぐんと思考力を高め、表現力を増していかれました。

　智さんのブログやSNSで書かれた文章を拝読するたびに、徐々に長文となり深い内容となっていかれることに私は驚愕していました。そして、智さん自身がついにもう一度学び直すことを志向されるに至ったことを知りました。

2 ソフトバンクグループの教育ビジョン

　ある日賞子さんからお電話がありました。私が所属するソフトバンクグループにある大学を智さんが受けたいというご相談でした。「特修生という高校卒業資格を持たなくても大学教育を受けられるという制度についてその大学の募集を読んだ、これなら大学に行けるのではないか」と興奮しきりでした。

　確かに特修生制度を使えば、大学教育に進める可能性があります。ですが、大学での授業を受けたいということであれば、聴講生となる、あ

るいは科目履修をするなどの方法もあります。特修生となっても、履修し単位を取得しなければ大学生にはなれません。

　智さんのご希望を整理したところ、目標は大学教育を受けることと大卒という最終学歴を得ることでした。であれば学びきるために、何を学びたいのかによって学部学科を選定すること、そして通学の頻度や距離、特修生の制度の有無、そして何よりもテクノロジーを活用した学び方を受け入れていただけるか等の条件を考慮して大学を選ぶことをお勧めしました。

　最初に想定されたソフトバンクグループの大学にある学部はIT系でした。私が所属する組織への信頼感から好感をお持ちいただいていましたが、智さんの学びたい分野なのかを確認する進路相談を進めていくと、選択すべき学部は芸術系であることが浮き彫りになっていきました。通信制の芸術系学部を持つ大学であること、スクーリングに通うことが可能な距離であることから、別の志望校が決まりました。志望校がテクノロジーを活用した学び方に対してどのように受け入れているのかについての情報は公開されていませんでした。

　まず、希望を出してみようということになり、その希望を柔軟に受

け入れていただいたこと、そして学ぶ経験が少なかった智さんがその後、実際に学んだ経緯はこの本をお読みいただければと思います。

　ソフトバンクは情報革命で人々を幸せにしたいというビジョンを持っています。私自身はそのビジョンを特別支援領域で具現化していくというミッションの一端を担っています。特に学齢期にある子どもたちに学校での一斉指導では学びにくさのある子どもたちがいて、学びにくさをテクノロジーで軽減、代替していくことについて、東大先端科学技術研究センターの人間支援工学分野、中邑賢龍(なかむらけんりゅう)教授にご指導をいただきながら実践事例研究を行っています。

　たとえば読めない子どもたちは、まったく読めないのではなく、読む速度が同じ学齢の子と比較して遅かったり、文字から受け取る情報が不正確であったりします。読める部分もあるので読むことに課題があることはかえって分かりにくく、本人も自分が同級生たちと異なる事になかなか気が付けずにいます。

　小学校中学年のうちに、できないことの原因はどこにあるのかを見つけてあげることがとても大切です。原因が不明のままで反復を繰り返すなど、努力で補おうとし続けることは「やってもできない」という諦(あきら)めと拒否につながりやすく学ぶ意欲を損なったり、子どもたちを追い詰めてしまいがちです。智さんがご自分の課題に気が付いたのも成人になってからでした。

3　様々な学習方法

　もちろん学びはいつ開始しても、いつまで学び続けてもよいのですが、学齢期という大切な期間に自身の課題が分かっていればより楽に学ぶことができたと思います。そして課題に気が付く時期がいつでも、取り返し方はあると考えています。たとえば、小学校時代であれば、課題となることを緩和するあるいは代替するスキルを身につけ、それを使う

場所や時間を学校と調整していくという方法があります。

　小学校は担任制であるため、調整する先生の数は少なく、また学習の分量も中学年まではあまり多くないので取り返す期間も比較的短くてすみます。たとえば宿題やノートテイクに他の子とは異なる方法としてテクノロジーを使う方法があります。テストでは読み上げや聞き取り、時間延長の配慮を相談していくことができます。ポイントは課題を子ども自身が自覚して必要な方法を使いこなすことができるようになりそれを使うことを望むことです。そして学習空白があればそれを必要なだけ補っていくことです。余談ですが、そんなお手伝いをする塾としてハイブリッド・キッズ・アカデミーを開校しています。

　中学校時代は教科担任制となり、教科ごとの先生との調整が必要となります。また、英語など新しい教科も増え、内容も高度化していきます。テストも中間や期末のように期間が設けられて実施されます。ノートテイクも日常の学習の評価として重視されます。これらにより小学校時代には記憶力など他の能力で補い、なんとかなっていた子どもたちの課題が顕在化してくることは珍しくありません。

　高校受験も視野に入ってきます。課題を補っていく方法は小学校時代と変わりませんが、より急いで進めていく必要があります。また高校受験で配慮を得ていくためには、日常の学習でも配慮を受け、その効果について示していかなくてはいけません。学習空白についても補うことが必要ですが小学校６年間をすべてなぞっていく時間はありません。積み上げの学習が基盤としてないと成立しないという教科に絞り補っていく必要があります。高校の選定も重要です、東京都は私学であっても合理的な配慮を行うことが条例として定められています。しかしながら、まだテクノロジーの使用や持ち込みについての柔軟さは学校によって様々です。入学前に事例の確認や学校としての考え方を確認しておくことをお勧めします。

　もし、望む対応をしてくれる学校を通学範囲で探すことが難しかっ

た場合には遠隔で学ぶ単位制の高校を選択するという方法もあります。遠隔で行う方法は PC 等の ICT 機器を使用ことが前提となりますので、テクノロジーを使えないのではないかという心配をする必要がそもそもありません。進学先選考のポイントとしては学びきることができるようにサポートがどのくらいされているかだと思います。

　高校時代は一番課題が大きくなり進路にも関わる時期です。義務教育ではないのでたとえば推薦入学や私学、定時制や単位制高校等選択肢は広がり入学はできることが多いのですが、逆に義務教育ではないために一定の水準に達しないと単位を取得することができず、進級や卒業に関わってきます。自己管理や自主性も求められていきますので小中学校時代のように、先生や学校がこと細かくケアをしてくれることはありません。これらのことからせっかく入学したのに途中退学をしてしまうということが少なくありません。

4 学びの機会を得るための方法を身につける

　高校を卒業せずに社会にでてから課題に気が付いたときのバイパス的な役割となる方法について、智さんが経験された特修生制度以外の手段をいくつかご紹介します。

　放送大学は文科省認可の正規の4年生大学ですが、入学資格は「満15歳以上」だけで入試がありません。選科履習生・科目履習生とし入学し基盤科目または導入科目から履修し、合わせて16単位以上を修得するとことで全科履修生となり、放送大学の入学資格を得ることができます。

　高認と呼ばれる高等学校卒業程度認定試験は文部科学省が高卒と同じ学力があると認定する制度です。高認に受かれば大学の入学資格はもちろん、高卒以上が受験資格要件となっている資格試験についても受験資格を得ることができます。

このように高校に通学する以外の方法もありますので、どこからでも学びの機会を得ることはできるのですが、履修をするためには課題となっていることへの攻略と学びの習得のためには方略を身につける必要があります。

　学習指導要領そして学校教育は同じ年齢の子どもたちの集団を指導する方法としてとても優れていると思っています。ですが知識を得る、定着させる、思考を広げるための記録や教科書を読むという標準的な方法は万能ではないこと。異なる方法や学び方が有効な子どもたちがいることを本書を通じて知っていただけたらと願っています。

> ハイブリッド・キッズ・アカデミー 塾長
> 魔法のプロジェクトプロデューサー
> 東京大学先端科学技術研究センター 協力研究員

本書をよりご理解いただくためのリソースガイド

★著者の動画サイト
i 寅
https://www.youtube.com/user/satoru01126

オレの日常を切り取った動画チャンネル

★著者の啓発動画サイト
tora の独り言ディスレクシア
https://www.youtube.com/channel/UCx0O9ylfKVWwS9OrEd1LRkQ

啓発動画をアップしているチャンネル。「夢見た自分を取り戻す」は必見!

★子ども向けのディスレクシア啓発絵本
サトルの話
https://www.youtube.com/watch?v=MuuT2Fi2KXQ

子どもに見せるならこれ!チビサトルがでてくるよ

★著者が最初に出した本
「読めなくても書けなくても勉強したい」
https://bit.ly/2INUkVY

読めない・書けないオレの目に映った世界

★読むこと・書くことが苦手な子どもの指導と支援
そうかチャート
https://www.microsoft.com/ja-jp/enable/dyslexia/default.aspx

何をすればいいのかのヒントがてんこもり!まずはここでチェックして!

★学ぶための困難をテクノロジーで支援するプロジェクト
魔法のプロジェクト
https://maho-prj.org/

> 全国の先生が、たくさん「方法」を見つけてくれてる宝の山（≧∀≦）

★学ぶ能力がありながら、読む・書く等の苦手のある子にテクノロジーで補う方法を身につけさせる塾
ハイブリッド・キッズ・アカデミー
https://www.softbankplayers.co.jp/buriki/description/

> オレが子どもの頃にあったら人生変わってた

★ LD、ディスレクシアについての研究・研修機関
大阪医科大学 LD センター
https://www.osaka-med.ac.jp/deps/ldc/

> 竹田契一先生が顧問をしておられる、アセスメントの聖地

★著者が通った大学
大阪芸術大学通信教育部
http://www.cord.osaka-geidai.ac.jp/

> オレの愛する母校

★障害者関係書籍の専門書店
スペース 96
https://www.space96.com/

> 知りたい事があったら、ここで検索！
> 先生、いっぱい勉強してな

著者

井上　智（いのうえ さとる）

ディスレクシアの成人当事者。
子ども時代から「わかる自分」と「できない自分」の狭間で葛藤し、読み・書きの困難をひた隠しにしながら生きてきた。
43歳のとき、自分がディスレクシアだったことを知る。
ICT機器を活用することで夢だった大学を卒業し、現在は、大工として仕事をしながら、写真や映像の制作にも関わっている。

執筆協力

井上　賞子（いのうえ しょうこ）

智の妻で、公立学校教諭。
智の書いたものや話したことを文章として整理し、本書の製作に協力している。

監修

佐藤　里美（さとう さとみ）

ソフトバンクの経営理念である「情報革命で人々を幸せに」を教育で実現していく活動を推進。
困難をテクノロジーで補う、あるいは代替することについて東京大学先端科学技術研究センター人間支援工学分野で研究にも関わっている。

夢見た自分を取り戻す
成人ディスレクシア、50代での大学挑戦

発行日	2018年11月22日　初版第1刷（3,000部）

著　　　者	井上　智
執筆協力	井上賞子
監　　　修	佐藤里美
発　　　行	エンパワメント研究所
	〒176-0011　東京都練馬区玉上2-24-1　スペース96内
	TEL 03-3991-9600　FAX 03-3991-9634
	https://www.space96.com
	e-mail：qwk01077@nifty.com

編集・制作	池田正孝（池田企画）
印　　　刷	シナノ印刷

ISBN978-4-907576-50-9

著者近影
撮影　前田賢吾